7살, 자기주도학습이 평생성적을 결정한다

7살 자기주도학습이 평생성적을 결정한다
(만점 공부법 특별판)

글 | 송인강
2011년 10월 10일 1판 1쇄 인쇄
2011년 10월 20일 1판 1쇄 발행

이 책을 만든 사람들
책임 기획 | 김경아
마케팅 | 박훈

이 책을 함께 만든 사람들
본문 디자인 | 조진일 님
표지 디자인 | 김효정 님
교정 | 안종군 님
종이 | 제이피씨 정동수 님
출력 | ㈜한국커뮤니케이션 송호준 님, 장준우 님
인쇄 | 태성인쇄사 김태철 님

펴낸이 | 김경아
펴낸곳 | 행복한나무
출판등록 | 2007년 3월 7일. 제 2007-5호
주소 | 서울시 마포구 서교동 394-25 동양트레벨 1303호
전화 | 02) 322-3856 팩스 | 02) 322-3857
홈페이지 | www.ihappytree.com
문의(출판사 e-mail) | book@ihappytree.com
문의(지은이 e-mail) | Songik21@naver.com
※ 이 책을 읽다가 궁금한 점이 있을 때는 지은이 e-mail을 이용해주세요.

ⓒ 송인강, 2011
ISBN 978-89-93460-22-3
행복한나무 도서번호 : 036

::[만점 공부법®]은 '행복한나무' 출판사의 초·중·고 학습법 브랜드입니다.
::이 책은 신저작권법에 의거해 한국 내에서 보호를 받는 저작물이므로 무단 전재 및 복제를 금합니다.
::이 책은 「지금 당장 자기주도학습을 시작하라」의 개정판입니다.

7살, 자기주도학습이 평생성적을 결정한다

지금 당장 자기주도학습을 시작하래!

글 송인강

프롤로그

7살 자기주도학습이 아이의 운명을 바꿉니다!

만약 누군가가 "7살부터 자기주도학습을 준비해야 한다."라고 말한다면, 대부분의 학부모들은 고개를 갸우뚱할 것입니다. 이 말에 의문을 가지게 되는 이유는 자기주도학습이라는 말은 스스로 공부하는 것을 말하는데, 유치원에 다니는 아이가 스스로 무엇을 준비해야 하는지 이해할 수 없을 뿐만 아니라 초등학교에 가면 자연스럽게 다른 아이들과 경쟁을 해야 할 텐데 유치원 때부터 공부를 하라고 하는 것은 무리라는 생각이 들기 때문입니다.

자기주도학습은 간단히 말하면 '자신이 학습 주체가 되어 스스로 공부하는 것'입니다.

올바른 습관은 자기주도학습의 기본

　자신의 방 청소는 물론, 책상 정리조차 하지 못하는 아이가 자신이 학습 주체가 되어 스스로 공부를 할 수 있을까요? 또 사소한 학교 준비물조차 하루 전에 미리 준비하지 못하는 아이가 5년, 10년, 20년 후의 자신의 미래를 생각하면서 목표를 설정할 수 있을까요?

　자기주도학습을 실현하기 위한 필수 요소에는 올바른 습관, 생활 습관, 학습 습관, 생각하는 습관이 있는데, 이 중에서 가장 기본은 바로 '올바른 습관'입니다. 올바른 습관이 형성되어야만 생활 습관과 생각하는 습관이 길러지고, 이후 자연스럽게 학습 습관도 길러지는 것입니다. 왜냐하면 자기주도학습은 선택이 아니라 필수이기 때문입니다. 자기주도학습이 학습 효율성이 높다는 것은 누구나 알고 있는 사실이지만 이보다도 더 중요한 것은 독립심이 형성되고, 자신의 미래를 개척할 수 있는 힘이 생기는 것에 더 큰 의의가 있습니다.

후회 없는 자녀교육을 위해 무엇을 할 것인가?

나중에 아이가 초등학생, 중학생 아니 고등학생이 되었을 때 "지금까지 자녀교육을 잘 해왔다고 생각하십니까?"라는 물음에 "완벽하지는 않지만 대체로 잘한 것 같아요."라고 대답할 수 있기 위해서는 지금 당장 시작해야 합니다. 현재 초등학생이나 중학생, 고등학생을 둔 학부모에게 물으면 모두 "첫단추를 잘못 끼웠다."라고 말하는 사람들이 의외로 많다는 사실에 주목해야 합니다.

'세 살 적 버릇이 여든까지 간다'는 속담이 있습니다. 이 말은 어릴 때부터 나쁜 버릇이 들지 않도록 잘 가르쳐야 한다는 뜻입니다. 유아들의 뇌는 백지와 같다고 합니다.

백지에 무엇을 그려 넣으시겠습니까? 원치 않는 나쁜 그림이 채워져 좋은 그림을 넣을 공간이 부족하기 전에, 좋은 그림을 가득 채워 넣어야 하지 않을까요?

송인강 씀

차례

프롤로그 4

1부
교육에 대한 마인드가 바뀌어야
아이의 미래가 바뀐다

01 학원의 족집게 강의는 학생의 진짜 실력이 되지 못한다 14
02 강압적인 공부는 자기만의 공부법을 만들 수 없다 20
03 학원의 마케팅 전략에 속지마라 26
04 학교의 이미지 교육, 과연 올바른 창의성 교육일까? 31
05 왜 공부해야 하는지 알게 하라 36
06 훌륭한 교육자가 훌륭한 제자를 만든다 41
07 부모의 과도한 욕심이 아이를 망친다 46
08 공부하는 이유, 아이에게 내적 동기를 만들어줘라 51
09 자녀교육은 마라톤과 같다 57
10 생각하는 힘이 평생 성적을 만든다 61

2부
자기주도학습이
평생성적을 좌우한다

01 공부하는 힘이 평생 공부의 원천이다 68
02 자기주도학습이 평생 성적을 좌우한다 73

03 자기주도학습의 아홉 가지 효과 79
04 자기주도학습을 완성하는 3단계 학습 전략 84
05 공부 방법만 키우는 학습은 진정한 자기주도학습이 아니다 89
06 초등학교와 중·고등학교는 평가 방법이 다르다 94
07 SKY 대학이 목표라면 다면 사고력을 키워라 99
08 공부해야 하는 이유를 체험하게 하라 105
09 온·오프라인 공부법, '블렌디드 학습'을 실현하라 110
10 자기주도학습을 완성하는 부모의 역할 여덟 가지 116

3부

7살 습관이
아이의 미래를 결정한다

01 자기주도학습은 아이의 포트폴리오를 만드는 것 122
02 7살부터 아이의 독립심을 키워라 128
03 7살 습관이 아이의 미래를 바꾼다 133
04 7살부터 시작하는 생각하는 습관 키우기 140
05 유아교육의 가장 큰 목표는 두뇌의 힘을 키워주는 것 145
06 공부하는 습관을 만드는 세 가지 원칙 150
07 긍정적 사고와 행동을 만드는 최고의 효과, 자신감 155

08 자기주도학습 최고의 멘토는 부모다 160
09 신나는 공부, 맛있는 공부를 하게 하라 164
10 왜 공부해야 하는지 학습 동기를 부여하라 170

4부

전교 1등이 목표라면
자기주도학습으로 승부하라

01 학교 공부에 몰입하면 자신만의 공부법도 만들 수 있다 180
02 되새김학습법으로 뇌의 힘을 키워줘라 186
03 자기주도형 공부를 완성하는 학습법 3단계 191
04 1등을 만드는 '나만의 공부 무기'를 갖게 하라 197
05 전교 1등 아이는 최고의 학습 환경에서 나온다 201
06 인터넷 강의는 200% 활용하라 206
07 1등 하는 아이의 공부법 213
08 나의 공부를 기록하는 주간 계획표를 작성하게 하라 218
09 시험을 즐겁게 하는 방법 네 가지 223
10 자기주도학습 능력을 점검하는 자기조절능력 검사 228

5부

자기주도학습 만점 공부법,
이렇게 시작하라

01 7살부터 시작하는 엄마표 자기주도학습법 248
02 자기주도학습법의 기초를 닦는 초등 저학년 공부법 251
03 자기주도학습법의 저력을 만드는 초등 고학년 공부법 259
04 자기주도학습법의 스킬을 키우는 중학생 공부법 269

에필로그 274
KT에듀 인강 할인권 275

1부

교육에 대한 마인드가 바뀌어야 아이의 미래가 바뀐다

01

학원의 족집게 강의는 학생의 진짜 실력이 되지 못한다

족집게 강의를 통해 만들어진 가짜 실력은 학원을 그만 두면 성적이 떨어지고, 성적이 떨어지지 않기 위하여 학원을 다닐 수밖에 없는 구조는 부모의 조급한 마음과 이를 이용한 학원의 상술이 만들어낸 작품이라고 할 수 있다.

학원을 12년간 운영하면서 많은 학부모들과 상담을 해 왔다. 대부분의 자녀들은 자녀의 학교 성적을 올려 좋은 학교에 보내달라고 부탁한다. 앞으로 자신들의 자녀가 올바른 삶을 살 수 있도록 인성 교육을 시켜 달라고 부탁하는 사람은 거의 없다.

올바른 인격 형성을 위한 인성 교육은 학교의 몫이고, 학원은 단지 성적을 향상시키기 위한 교육 기관이라 생각하고 있기 때문이다. 오직 성적을 올려서 특목고와 유명 대학에 많이 진학시키는 학원이 좋은 학원이요, 훌륭한 학원인 것이다.

중간고사나 기말고사를 2~3주를 앞두고 학원에 입학을 시키면서 시험 성적이 잘 나올 수 있도록 해 달라는 부모가 있는가 하면, 심지어는 학원에 입학한 지 3개월이 되었는데도 성적이 오르지 않는다고 학원을 바꾸는 부모도 있다. 학원은 단지 성적 향상을 위한 도구에 지나지 않는다.

가짜 실력으로 성적을 올리는 방법은 간단하다?

1학기 기말고사를 1주일 앞두고, 중2 여학생이 아빠와 함께 학원에 입학 상담을 받으러 왔다. 전후 사정을 들어보니 이민을 가기 위하여 엄마와 두 자매를 먼저 미국으로 보낸 후, 아빠는 국내에서의 사업을 마무리 하고 나중에 합류하기로 하였는데, 아빠의 사업에 문제가 생겨 미국에 먼저 가 있던 식구들이 다시 한국으로 되돌아왔다고 한다. 중1 때 미국에 가서 2년 동안 머물렀으므로, 중3으로 복학하는 것이 정상이지만 학습 진도를 못 따라갈 것 같아 중2로 복학하였다고 한다.

이 여학생의 아빠는 "특히 수학이 기초가 부족하므로 중1 수학 기초부터 가르쳐 주십시오."라고 부탁하였다.

아빠의 부탁대로 중2인 아이에게 기초가 부족하다는 이유로 중1 수학부터 가르친다고 하더라도 최소한 2~3개월 정도는 소요될 것이고, 더욱이 이 학생을 위한 강사를 따로 배정하여 개인지도를 해야 하는 일도 문제였다.

이런 경우 아이의 성적을 올리는 방법은 간단하다. 일단 개인 지도실로 안내한 후 수학 예상 문제를 3배수로 내 주면서 설명을 해 주었다. 설명이 모두 끝난 후 아이에게 지금까지 배운 내용을 다시 설명해 보라고 하였다. 예상 문제들을 완전하게 이해하였는지 확인을 해야 했기 때문이다. 이 과정이 끝난 후 예상 문제의 숫자를 바꾸어 문제를 만들고, 풀이 과정을 적어 오라고 하였다. 이렇게 문제를 만들어 풀 수 있는 수준이 되면, 90% 이상 이해한 상태라고 판단할 수 있다.

그 후 이 여학생의 기말고사 수학 성적은 예상대로 84점이 나왔고, 그 학생의 부모님으로부터 아이의 성적을 올려주어 고맙다는 전화를 받았다. 하지만 나는 학습에 대한 자신감을 갖도록 하기 위한 편법이 효과를 나타내었을 뿐이라고 설명하고, 앞으로 진짜 실력을 키우기 위해서는 학생 스스로 많은 노력을 해야 한다고 말하였다.

위와 같은 방법은 단시일 내에는 효과를 볼 수 있지만, 가장 최악의 학습 방법이라고 할 수 있다. 탑을 쌓는다고 가정해 보자. 탑이 오랫동안 쓰러지지 않도록 하기 위해서는 탑의 하단부가 튼튼하여야 한다. 공부도 마찬가지로 기초가 튼튼해야만 한다. 공부는 단계적으로 이루어지는 것이다. 따라서 기초가 튼튼하지 못하다면 언젠가 반드시 허물어지게 된다.

그러나 대부분의 학원들은 이런 학습 방법이 좋지 않다는 것을 알면서도 성적을 올리기 위해 족집게 수업 방식을 채택하고 있다. 말하자면 진짜 실력이 아닌 가짜 실력을 만들고 있는 것이다. 그렇기 때문에 학원을 그만두면 성적이 떨어지는 것은 당연하다.

족집게 강의는 부모와 학원의 합작품

예전에 모 개그 프로그램에서의 "밑줄 쫘~악, 별 몇 개? 별 5개"라는 유머가 유행한 적이 있었다. 이 유머는 아직도 강의 현장에서 자주 사용되고 있다. 대다수의 학원들이 시험에 나올 만한 문제를 중심으로 강의를 하고 있다는 증거다.

학원들은 시험 예상 문제를 잘 골라내고, 시험 적중률이 높은 족집게 강사들을 채용하기 위해 열을 올리고 있고, 심지어는 선배 강사들이 후배 강사들에게 강의 비법을 전수해 주기도 한다. 아이들은 많은 노력을 하지 않고도 성적을 올릴 수 있어 좋고, 강사는 아이들에게 인기가 많아져서 좋다. 그야말로 '누이 좋고, 매부 좋은' 격이다.

학원 강사를 채용할 때에는 서류 전형과 시강(시범 강의)을 거친다. 시강을 할 때에는 책이 없는 상태에서 지정해 주는 학년의 교과서 단원 제목을 순서대로 나열해 보라고 한다. 만약, 교과서 단원 제목을 제대로 나열하지 못하면 탈락한다. 이 과정을 통과하면 다음 과정은 특정 단원을 지목한 후 시험에 나올 수 있는 예상 문제를 골라 설명해 보라고 주문한다.

학년에 따른 교과 과정 대분류는 강사 2년차 정도이면 충분히 설명할 수 있고, 예상 문제의 선별과 설명 또한 5년차 정도면 누구나 할 수 있다. 자신이 맡은 과목에서 어느 부분이 중요하고 어느 부분이 시험에 나올 것인지를 모르는 사람은, 말하자면 강사의 자격이 없는 셈이다.

아이들이 일정 수준의 학습 능력을 가지고 있다는 전제 하에 학교 시험 예상 문제를 3배수로 만들어 공부시키면 이 예상 문제만을 가지고도 90점 이상 받도록 할 수 있다.

시험 범위가 넓은 수능에서도 마찬가지다. 몇 년간의 출제 경향을 분석한 후, 책 한 권 분량의 예상 문제집을 만들어 공부를 시키면 문제를 70~80% 맞출 수 있다.

큰 시험이 끝나면 학원에서는 적중률을 내세워 대대적으로 광고를 한다. 학원의 주가는 올라가고 순진한 학부모들은 앞 다투어 그 학원에 등록을 한다. 이러한 상술로 자녀들에 대한 조급한 마음을 가진 학부모를 이용한 마케팅 전략을 펴고 있는 셈이다.

족집게 강의를 통해 만들어진 가짜 실력은 학원을 그만 두면 곧 실체가 드러난다. 성적이 떨어지면 부모는 학원을 안 다니기 때문에 성적이 떨어진다고 생각하여 다시 학원을 보낸다. 학원을 그만 두면 성적이 떨어지고, 성적이 떨어지지 않기 위하여 학원을 다닐 수밖에 없는 구조는 부모의 조급한 마음과 이를 이용한 학원의 상술이 만들어낸 작품이라고 할 수 있다. 당연히 학원을 다녀야 한다는 인식으로 학원비는 생활비의 일부로 자리를 잡고 있고, 많은 사교육비는 가계 부담을 가중시키고 있다.

누군가가 옆에서 가르쳐 주어야 하고 가르쳐 주지 않으면 공부할 수 없는 아이들, 독립심과 문제 해결력이 부족한 상태에서 사회에 진출하면 스스로 할 수 있는 일이 무엇이며, 앞으로 겪게 될 수많은 난관들을 어떻게 해결해 갈 수 있겠는가?

강압적인 공부는
자기만의 공부법을 만들 수 없다

체벌을 통한 외적 동기의 학습이 스스로 공부를 하겠다고 생각하는 내적 동기의 학습으로 변하는 아이는 극히 소수에 불과하다. 대부분의 아이들은 체벌을 가하지 않으면 공부를 하지 않는 아이로 변한다.

학생 수가 많은 유명 학원들을 살펴보자. 학원에 출석하는 시간에 학원의 출입구를 살펴보면, 강사들이 몽둥이를 들고 서 있는 모습을 심심치 않게 볼 수 있다. 학원에서는 학생이 입학을 할 때 학부모로부터 무단 결석, 지각, 숙제를 해 오지 않는 행위, 다른 학생의 공부를 방해하는 행위 등에 대하여 체벌을 할 수 있고, 벌점이 일정 기준을 넘었을 경우에는 퇴원 조치를 할 수 있다는 내용의 동의서를 받는다.

자발적으로 학원에 다니는 아이가 어느 정도인지는 모르겠지만, 적어도 70~80%의 학생들은 부모에 의해 반강제로 학원을 다닐 것이다. 학생 스스로 공부를 하지 않기 때문에 학원에서의 체벌을 허락하면서까지 억지로 공부시키는 방법을 택하는 부모가 많다는 것을 의미하기도 한다.

학습자가 스스로 학습 목표를 설정하고 공부를 하겠다는 의지를 가지는 것을 내적 동기라고 한다. 그리고 학습자 이외의 사람들이 학습자에게 강압적 행위, 보상 제의, 윗사람에게 잘 보이거나 칭찬을 듣기 위한 행위, 남에게 보여주기 위하여 공부를 하겠다는 생각을 가지는 것 등을 외적 동기라고 한다.

학생 스스로 공부를 하는 의미를 찾고 목표를 설정하는 내적 동기보다 부모나 선생님들이 강압적으로 공부시키는 외적 동기가 앞선다면, 학습 효과는 당연히 떨어질 수밖에 없다.

외적 동기에 의한 공부는 역효과를 가져 온다

필자가 10여 년 전에 겪었던 일이다. 중3 남학생의 아버지가 급하게 상담 요청을 하였다. 고교 연합 고사 시험을 앞두고 학교 담임선생님과 학부모의 면담이 있었는데, 담임선생님이 말하기를 학생의 성적이 최하위권이어서 인문계 고등학교 원서를 써 줄 수 없으니 실업계 고등학교에 진학시키라고 하였다고 한다.

"아버님! 이번 연합고사 컷 라인이 120점 정도로 예상되는데, 이 학생의 모의고사 성적은 85점 밖에 나오지 않습니다. 아무리 유명한 과외선생님이라도 합격시키기가 어렵습니다."라고 하였다.

이 학생의 아버지는 "제 아이는 수단과 방법을 가리지 않고 반드시 연합고사에 합격을 시키겠습니다. 그리고 내일부터 학교에 보내지 않고, 시험 볼 때까지 집에서 공부시키겠습니다."라며, 과외선생님을 추천해 주든지, 직접 원장이 가르쳐 주던지 해달라고 하였다.

자신이 현재는 대기업의 과장으로 근무하지만, 그동안 고졸이라는 이유로 서러움과 불이익을 많이 당해 왔기 때문에 아들만은 반드시 대학을 보내야 한다는 말도 덧붙였다.

성적이 최하위권인데다가 연합고사까지는 앞으로 35일 정도 밖에 남지 않은 상황이고, 합격하지 못하면 아이의 인생에 치명적인 영향을 끼칠 수도 있는 실로 중요한 일이었기 때문에 부탁을 선뜻 들어주기가 어려웠다.

그러나 아버지의 간곡한 부탁에 하는 수 없이 아이를 맡기로 하였다. 우선 아이의 성적을 분석하여 아이가 좋아하면서 점수를 많이 받을 수 있는 전략 과목과, 싫어하는 과목이지만 단기간에 점수를 높일 수 있는 취약 과목, 그리고 배점이 낮으면서 많은 시간이 소요되는 포기 과목으로 구분하였다. 학교를 가지 않기 때문에 아침부터 새벽 2시까지 타이트한 학습 스케줄을 만들어 공부시켰고, 학습 목표에 도달하지 않았을 경우 체벌을 가하였다.

매일 지정된 분량을 공부시키고, 계속 시험을 보면서 일정 점수가 안 되는 경우 심할 때는 엉덩이를 때리기도 하였다. 그 결과 한 달 만에 연합고사에서 128점을 맞아 인문계 고등학교에 진학할 수 있었다.

강압적 체벌과 같은 외적 동기로 진행하였던 학습은 비록 단기 목

표는 달성하였지만, 여러 문제점을 드러냈다. 연합고사가 끝난 직후, 아이는 가출하여 2주일 만에 집으로 돌아왔다. 그 후, 인문계 고등학교에 입학을 했지만 2학년이 되는 5월, 학교를 자퇴하고 연예 학원에 등록을 하였다. 그 아이의 꿈은 연예인이었는데 부모의 강압적인 진로 결정으로 많은 상처와 불행을 가져온 것이다.

이 사건 이후, 필자의 교육관은 180도 바뀌게 되었다. 체벌을 통한 강압적 학습 지도는 일시적인 효과는 있을지 몰라도 아이에게는 아무런 도움이 되지 않으며, 오히려 역효과가 나타날 수 있다는 것을 깨달았기 때문이다.

내적 동기가 학습의 질을 높일 수 있다

체벌을 가하여 강제적으로 공부를 하다 보면 성적이 오르고, 성적이 오르면 공부가 재미가 있다는 것을 느끼고, 공부가 재미있으면 스스로 공부할 것이라고 착각하는 부모들이 너무 많다.

체벌을 통한 외적 동기의 학습이 스스로 공부를 하겠다고 생각하는 내적 동기의 학습으로 변하는 아이는 극히 소수에 불과하다. 대부분의 아이들은 체벌을 가하지 않으면 공부를 하지 않는 아이로 변한다.

이와 같이 체벌을 통한 외적 동기 부여는 쉽게 사용할 수 있고, 단기적인 효과는 있을 수 있지만, 지속적으로 사용할 경우 부작용이 생기고 실패할 확률이 높다. 그러나 내적 동기 부여는 시간 소요가 많이 걸리지만 실패할 확률이 적으며, 지속성이 강하고, 대단한 효과를 가지며 필요할 때 폭발적인 힘을 발휘한다.

체벌을 통한 외적 동기 부여 방법은 절대적으로 사용해서는 안 된다.

"이번 시험에 평균 점수가 5점이 오르면, 용돈을 올려 주겠다.",

"이번 기말고사에 5등 안에 들면 원하는 것을 사 주겠다."와 같은 보상을 통한 외적 동기 부여 방법은 처음에는 공부에 대한 관심을 가지게 하거나 공부를 시작하도록 유도하는 데에는 좋을 수 있으나 자주 사용해서는 안 된다.

부모가 만약 "숙제를 다 하면, 게임을 하도록 해 주겠다."와 같은 외적 동기를 부여하였을 경우, 아이의 마음속에는 공부를 빨리 끝내고 게임을 해야겠다는 생각이 가득차게 된다. 공부를 위해 숙제를 하기 보다는 숙제를 하기 위한 숙제를 하려고 하는 적당주의가 자리잡게 된다.

반복되는 외적 동기를 사용할 경우 학습의 질을 떨어뜨려 건성으로 학습하는 습관이 되거나, 보상 없이는 스스로 학습을 하지 않으려는 결과를 가져오게 된다. 동기 부여 방법에 있어 어린 나이일수록 초기에는 보상이나 칭찬을 통한 외적 동기 부여방법으로 관심을 유도하는 방법은 좋으나, 이와 병행하여 내적 동기를 가질 수 있는 교육을 실시해야 한다.

진정 아이를 위한다면 스스로 자신의 꿈을 찾을 수 있도록 하고, 자신의 목표를 향해 스스로 학습할 수 있도록 도와주어야 한다.

03

학원의 마케팅 전략에 속지마라

학원들은 이렇게 혼자서도 공부를 잘할 수 있는 성적 최우수자들을 확보해 놓고, 중하위권 자녀들을 둔 순진한 학부모들로 하여금 '이 학원에 입학하면 내 아이도 성적이 향상되겠지.'라는 착각을 하도록 만든다.

신학기나 방학 때가 되면, 엄청난 양의 학원 광고지가 일간지와 함께 배달된다. 학원들은 저마다 적게는 수십, 많게는 수백 명을 특목고와 유명 대학에 입학시켰다고 자랑하면서 학원 등록을 유도한다.

한 달 정도 학원에 다니다가 그만 둔 학생을 합격생 수에 포함시키기도 하고, 프랜차이즈 학원인 경우에는 다른 지역에 있는 학원들의 실적(?)을 마치 자신들이 실적인양 광고하기도 한다.

성적 최우수 학생들이 많은 학원이 좋은 학원이다?

대부분의 학원들은 성적 최우수자들에게 장학금을 주어 수강료를 면제해 주는 방법으로 성적이 좋은 학생들을 모집하려고 노력한다. 성적이 좋은 학생을 많이 확보하는 것이 학원생들을 많이 모집하는 데 많은 영향을 끼치기 때문이다. 이왕이면 공부 잘하는 친구가 다니는 학원이 좋게 느껴지는 것이 인지상정이기 때문이다.

이러한 학원의 상술을 잘 알고 있는 어떤 학부모는 "우리 아이가 전교 1~2등 하는데, 그 학원에 가면 장학금을 줍니까?"라고 하면서 협상을 요구하기도 한다. 이를 거부하면 이상한 학원이라고 오해를 받는다.

성적이 좋은 학생은 어떠한 환경에서도 공부를 잘 할 수 있다. 공부를 하겠다는 각오만 되어 있다면, 반드시 학원에서 공부를 해야 잘한다는 법은 없다. 모르는 내용이 있으면 학교 선생님께 물어보아도 되고, 강사 실력도 우수하고 가격도 저렴한 인터넷 강의를 이용해도 된다.

학원은 이렇게 혼자서도 공부를 잘할 수 있는 성적 최우수자들을 확보해 놓고, 중하위권 자녀들을 둔 순진한 학부모들로 하여금 '이 학원에 입학하면 내 아이도 성적이 향상되겠지.'라는 착각을 하도록 만든다.

성적이 우수한 학생들은 기초 학습 능력이 우수하고 학습 이해도가 높으며, 수업 분위기도 좋아 지도하기가 쉽다. 아이들이 열심히 공부하는 분위기이기 때문에 강사들은 더 많은 것을 가르쳐 주기 위해 열심히 지도할 수밖에 없다. 학생들 입장에서는 수강료를 내지 않으면서 많은 것을 배울 수 있어서 좋고, 학원 입장에서는 이 학생들을 홍보 효과를 극대화하는 데에 이용할 수 있어 좋다. 학부모와 학원과의 윈-윈 관계가 형성되는 것이다.

반면 중하위권 학생들은 수업 분위기도 좋지 않고, 집중력과 이해력도 떨어진다. 따라서 자연적으로 수업 분위기를 형성하는 데 많은 시간을 소요하게 된다. 학생들이 수업에 집중하는 시간이 짧기 때문에 수업을 하기도 힘들다. 강사들은 자신이 맡은 아이들의 성적을 올리기 위해 많은 노력을 기울이지만, 생각만큼 성적이 오르지 않는다.

실제로 중2 이상인 경우, 상위 성적 40% 이상(반 인원 35명인 경우 15등 이상)인 학생이 5~6등 안의 상위권으로 진입할 수 있는 경우는 거의 없다고 해도 지나친 말이 아니다.

강사들이 열심히 가르쳐 주어도 아이들은 그냥 부모가 공부를 하라고 하니까 공부하고, 학원에 다니라고 하니까 학원에 다닐 뿐이다. 학원에 다녀야 친구들을 만날 수 있고, 부모님의 잔소리도 덜 듣게 되는 장점(?)도 있다. 내적 동기 부여 없이 외적 동기에 의해 학원에 다니게 되면 학생의 성적은 절대 오르지 않는다.

중하위권 학생들은 특별한 변화가 필요하다

물을 먹기 싫은 말을 강가까지는 데리고 갈 수는 있지만, 억지로 물을 먹일 수는 없다. 말을 설득하여 말 스스로 물을 먹을 수 있도록 만드는 교육이 없기 때문이다. 중하위권 학생이 상위권으로 진입하기 위해서는 특별한 변화가 필요하다.

중학교 성적은 중1 때 결정되고, 고등학교 성적은 고1 때 정해진 다고 해도 지나친 말이 아니다. 이미 정해진 성적을 올리기 위해 부모들은 학원에 많은 돈을 지불한다. 혹시 성적이 오르지 않을까하는 기대감 때문이다. 그렇지만 성적은 오르지 않는다. 성적이 오르지 않는다고 이 학원, 저 학원을 돌아다녀 보지만 시간과 돈만 허비할 뿐 성적은 좀처럼 오르지 않는다.

학원을 다녀도 좀처럼 성적이 오르지 않는다면 '나의 아이가 공부 잘하는 아이의 들러리구나!'라고 생각하고 새로운 방법을 모색해야 한다.

아이가 성적이 오르지 않는 원인을 분석해야 한다. 성적이 오르지 않는 이유를 한 가지 원인에서만 찾을 수는 없다. 하지만 공부할 마음이 없는 경우에는 내적 동기를 가질 수 있도록 도와주어야 한다. 나름대로 열심히 공부하는데 성적이 오르지 않는다면, '이해력이 떨어지는 것은 아닌지, 집중력이 떨어져 공부 시간에 다른 생각을 하고 있는 것은 아닌지, 공부하는 방법이 잘못 되지는 않았는지' 등을 꼼꼼하게 따져보아야 한다.

지속적인 관찰과 아이와의 상담 등을 통해 문제점을 해결해 나가는 것이 가장 바람직하다. 학생 수가 많은 대형 학원은 대부분 학원 경영, 학생 관리 등 규격화된 시스템에 의해 운영되기 때문에 중하위권 학생들을 위와 같은 방법으로 일일이 지도하는 것은 불가능에 가깝다.

명성보다는 실속 있는 학원을 선택하라

비록 가짜 성적이라 하더라도 성적이 오르지 않는다고 아이를 무조건 학원에 보내거나 다그쳐서는 안 된다. 먼저 아이와 진지하게 이야기를 나눌 필요가 있다. 원인을 파악하여 문제점을 근본적으로 해결해야만 성적 향상을 기대할 수 있기 때문이다.

만약, 아이의 문제점을 부모가 해결해 주지 못하여 어쩔 수 없이 학원의 도움을 받아야 하는 상황이라면, 대형 학원보다는 중소형 전문학원을 권하고 싶다. 중소형 전문학원들은 대형 학원에 비해 체계적인 관리 시스템이 덜 갖추어져 있지만 많은 장점도 가지고 있다.

중소형 전문학원은 대형 학원에 비해 운영이 어렵기 때문에 학생 한 명 한 명이 소중하고 아쉽다. 그렇기 때문에 부모가 상담을 통해 원하는 형식의 지도가 어느 정도는 이루어질 수 있다. 단, 원장이 수업을 하는 학원을 선택하여야 한다. 수학에 중점을 둔다면, 원장이 수학 수업을, 영어에 중점을 둔다면 원장이 영어 수업을 하는 학원을 보내야 한다.

아이들은 때가 묻지 않고 순수하기 때문에 '상대방이 자신에게 진실한 애정을 가지고 있는가?'를 느낌으로 안다. 진실한 애정을 가지고 정성껏 지도한다면 아이들의 마음에 변화를 줄 수 있다.

04
학교의 이미지 교육, 과연 올바른 창의성 교육일까?

초등학교 교육과정에서 강조하는 이미지 인식을 통한 창의력 향상 교육은 예술적 창의력 향상에는 도움이 될 수 있을지 몰라도 과학적 창의력 향상에는 도움이 되지 않으며, 오히려 집중력을 떨어뜨려 아이들을 산만하게 만들고 있다.

초등학교 자녀를 둔 학부모라면, 지금 당장 초등학교 교과서를 살펴보자. 그리고 자녀들의 노트도 유심히 관찰해 보자. 예전에 자신이 배웠던 교과서나 노트와 비교하여 어떤 점이 다른가?

현재 우리 아이들이 배우는 교과서는 글보다 많은 이미지들로 구성되어 있다. 그림을 통해 상상력을 키우고, 많은 것을 유추할 수 있는 능력을 키워 창의적 사고 능력을 향상시키기 위해서다.

수출 위주의 산업 국가인 우리나라가 세계 선진국들과 경쟁하기 위해서는 창의력이 절대적으로 필요하다. 기업에서는 창의적인 사고를 유도하기 위하여 틀에 박힌 회사 생활에서 자율을 중요시하고, 직급과 경력보다는 능력을 중요시하는 고용 정책을 실시하고 있다. 또 사원들이 고정된 사고에서 탈피하도록 하기 위해 사내 취미 활동을 장려하기도 한다.

　미래는 창의적인 사고를 가진 사람이 성공한다는 사실은 누구나 알고 있다. 창의력은 망상과는 완전히 다르다. 그러면 창의력과 망상은 어떻게 구분하는가?

　사전적 의미로 본다면 창의력은 '새로운 것을 생각해내는 능력', 망상은 '이치에 맞지 않는 생각'이라고 할 수 있다. 어떤 새로운 생각이 논리적인 근거를 가지고 있다면 창의적인 생각이 되는 것이고, 반대로 논리적인 근거가 없다면 망상이 되는 것이다.

　창의력은 원리 이해와 비판적 사고, 논리적 구성, 문제 해결력을 바탕으로 생겨난다. 이 과정에서 요구되는 능력은 비판력, 상상력, 집중력, 이해력, 논리력, 표현력, 공간 지각력, 지구력, 문제 해결력 등이다.

우리의 두뇌는 어떤 기능을 가지고 있는가?

잠시 우리들의 두뇌에 대하여 생각해 보자. 우리의 두뇌는 이미지 인식을 통해 말하기 능력, 예술적 감각, 동물적 감각, 창의력 등을 담당하는 우뇌와 숫자나 글 인식을 통해 쓰기 능력, 집중력, 이해력, 논리력을 담당하는 좌뇌가 있다.

　초등학교에서는 시청각 교재를 이용한 이미지 교육과 토론식 수업으로 진행된다. 최근에는 1인 1PC 수업을 시범 운영한다는 소식도 들린다. 컴퓨터에 교과서 내용을 입력시켜 놓고 교사는 빔 프로젝트에 연결시킨 스크린을 통해 수업하는 것이다. 아이들은 커서를 움직이면서 도형을 찾고, 그림도 그리고, 글자를 입력한다. 이와 같은 이미지를 이용한 교육은 우뇌를 강화하는 데에 많은 도움을 준다.

우뇌가 발달한 아이는 말하기를 좋아하고, 사고의 폭이 넓으며, 예술적 감각 및 사회성이 뛰어나다. 하지만 이러한 아이들은 쓰기를 싫어하고, 즉흥적으로 행동하며, 산만하고 지구력이 부족한 경향이 있다.

아이들의 60~70% 정도는 좌뇌보다는 우뇌가 더 발달된 우뇌형 두뇌를 가지고 있다. 성격 형성과 습관 형성에 가장 중요한 초등학생 시기에 창의성 교육에 역점을 두다보니 많은 아이들이 쓰기를 싫어하고, 산만하며, 집중력과 끈기가 부족한 경향을 가지고 있다.

우뇌보다 좌뇌가 더 발달된 좌뇌형 두뇌를 가진 아이들은 말보다는 실천이 앞서며, 쓰기를 잘하고, 논리성이 우수하여 이해력이 좋으며, 집중력이 강하고 지구력이 높다. 반면에 사고의 폭이 좁고, 예술성이 부족하며 사회성이 떨어지는 경향이 있다.

좌뇌 강화 교육은 글과 숫자를 이용해 이루어진다. 좌뇌 강화 교육은 독서를 통해 내용을 분석하는 글쓰기와 개념과 원리를 바탕으로 수를 논리적으로 분석하는 등의 교육을 말한다.

창의력은 어떻게 길러지는가?

앞에서 언급하였듯이 과학적 창의력은 단순한 상상으로 만들어지는 망상과는 구별된다. 생활 속에서 창의적인 아이디어가 발현되는 과정을 살펴보자. 집에서 청소할 때 많이 사용하는 진공청소기는 모터를 이용하여 먼지 등을 흡수하고, 필터를 거쳐 찌꺼기를 걸러내는 가정용 전기 제품이다. 단순하게 생각한다면 힘들게 빗질과 걸레질을 할 필요가 없기 때문에 우리 생활을 편리하게 해 주는 제품이라고 할 수 있다.

하지만 조금 생각을 바꾸어 생각해 보자. 진공청소기로는 방바닥의 때는 없앨 수 없다. 또 청소기 내부에 있는 필터에서 거르지 못한 작은 먼지들은 우리 몸속에 다시 들어오고 바닥에 다시 쌓인다.

이러한 문제점을 보완하기 위하여 스팀청소기가 개발되었다. 스팀을 이용하여 걸레질하듯이 청소를 하기 때문에 방바닥의 때를 없앨 수 있는 것은 물론, 바닥이 소독이 되고 작은 먼지 또한 흡수되어 먼지 속 세균이 공기 중으로 확산되는 것을 막을 수 있다.

스팀청소기를 개발한 사람은 처음에 어떠한 생각을 하였을까? 처음에는 진공청소기에 대한 비판적 사고를 통해 문제점을 인지한 후, 진공청소기의 문제점을 보완할 수 있다는 확신을 가졌을 것이다. 진공청소기가 가진 문제점을 해결하기 위해 스팀을 이용한다면 방바닥의 때와 먼지를 해결할 수 있고, 더불어 소독까지 할 수 있다는 생각을 하였을 것이다. 이러한 기본 원리를 바탕으로 많은 시행착오를 겪으면서 지금 많은 사람들이 사용하고 있는 스팀청소기를 완성하였을 것이다.

 이와 같이 과학적, 창의적 사고를 가지는 데에는 비판력, 상상력, 집중력, 이해력, 논리력, 표현력, 공간 지각력, 지구력, 문제 해결력 등이 필요하다. 이 중에는 좌뇌에서 담당하는 능력이 많이 포함되어 있다. 현재 초등학교 교육과정에서 강조하는 이미지 인식을 통한 창의력 향상 교육은 예술적 창의력 향상에는 도움이 될 수 있을지 몰라도 과학적 창의력 향상에는 도움이 되지 않으며, 오히려 집중력을 떨어뜨려 아이들을 산만하게 만들고 있다. 그렇기 때문에 어느 한 쪽 두뇌를 향상시키는 교육에 치중하기보다는 좌뇌와 우뇌를 골고루 발달시킬 수 있는 통합 두뇌 교육이 필요하다.

05

왜 공부해야 하는지를
알게 하라

교사는 단순히 지식만을 전달하는 사람이 아니라 학생들의 인성까지 담당해야 하는 의무와 책임이 있다. 왜냐하면 교사는 아이들의 미래에 영향을 가장 크게 미치는 위치에 있으며, 교육 전문가이기 때문이다.

얼마 전 고3 학부모와 상담을 한 적이 있었다. '학교생활은 어떻게 하고 있는지? 부족한 과목의 점수를 올리기 위해서는 어떻게 공부를 하여야 하는지? 원하는 대학에 진학할 수 있는지?' 등을 학교 담임선생님과 상담하고 돌아오는 길이라고 했다.

"오늘 학교에 담임선생님을 만나러 갔다가 문득 제 딸이 어떤 모습으로 공부를 하는지 보고 싶은 생각이 들어 창문을 통해 수업하는 것을 보았어요. 그런데 학생의 반 정도가 책상에 엎드려 자고 있고, 반 정도만 수업을 듣고 있더군요."

이 학부모는 고3 학생들 중 반 정도는 잠을 자고, 반 정도만 수업을 듣는다는 사실을 주위로부터 들어보기는 했지만, 실제로 그 모습을 보니 마음이 착잡하다고 하였다. 그런 모습을 본 후에 담임선생님과 상담을 하려하니 좀처럼 신뢰가 가지 않는다고도 하였다.

"평소 학생들을 위한다고는 하지만, 만약 담임선생님의 자녀가 학업을 포기하고 수업 시간에 책상에 엎드려 잠을 자고 있다면 가만히 있었겠어요?"라고 반문한다. 울컥한 마음에 학교에 항의라도 하고 싶었지만, 자신의 딸에게 좋지 않은 일이 있을 것 같아 아무런 말도 하지 못하고 돌아왔다고 한다.

중학교 3학년의 30%가 공부를 포기하고 있다

중1은 10%, 중2는 20%, 중3은 30% 정도가 공부를 포기하거나 더 이상 학업을 진행하기 곤란한 아이들이라고 한다. 인문계 고등학교에 입학하면 새로운 마음에 처음에는 열심히 공부하는 듯하지만, 고2부터 차츰 포기하는 아이들이 늘어나고 고3이 되어서는 50% 정도로 늘어난다고 한다. 지난해 6월 교육과학기술부 사교육비 절감 정책 보고서 작성의 일환으로 서울 모 중학교에서 중1을 대상으로 자기주도학습 능력 향상 교육을 실시한 적이 있었다.

중1인 현수는 공부에 전혀 관심이 없었다. "선생님, 저는 이미 공고에 가기로 마음을 정했어요. 그래서 공부를 할 필요가 없어요. 공고를 가려는 이유는 공부가 하기 싫어서입니다!"

부모와 교사들의 무관심 속에서 단순하게 공부를 하고 싶지 않다는 이유로 학업을 포기하는 아이들을 보면 안타까움을 느낀다.

공부하는 이유는 무엇인가?

공부 말고 자신이 잘할 수 있는 특기가 없다면 성인이 되어 직업을 가질 수 있는 선택의 폭이 좁다. 자신이 잘할 수 있는 것들이 없다면 선택의 폭이 좁아져 누구나 할 수 있는 단순한 일을 할 수밖에 없지 않겠는가? 하루 24시간 중에서 잠자는 시간을 제외하면 가장 많은 시간을 보내 곳이 학교이다. 이곳에서 스스로 선택의 폭을 좁히고 있는 아이들을 보고 방관만 하고 있다면 학교를 믿고 아이를 맡긴 학부모를 기만하는 것이라 생각한다.

필자의 아들이 개교한 지 2년 밖에 되지 않는 신설 중학교에 입학하였다. 신설 학교라서 그런지 교사들이 모두 열성적이었다. 특히 여름방학 때, 방학 중임에도 불구하고 많은 교사들이 참석하여 아이들과 같이 하루에 40km를 걷는 4박 5일 국토 순례 행사를 가진 것이 가장 인상깊었다.

국토 순례 행사는 아이들에게 많은 것을 얻을 수 있는 좋은 기회라고 생각한다. 힘든 일을 이겨낼 수 있는 의지력과 협동심을 기를 수 있고, 걸으면서 자신을 뒤돌아보거나 자신의 앞날을 생각할 수 있는 시간을 가질 수 있기 때문이다.

그러나 한 가지 아쉬운 점이 있다면, 동기 부여 교육이 빠져있다는 것이다. 아이가 힘들 때에 가장 먼저 생각나는 것은 부모이다. 학습 동기 부여에서 부모를 사랑하는 마음을 가지도록 하는 것이 기본적으로 필요하다. 아이들로 하여금 자신의 꿈, 올바른 학교생활 등에 대해 많은 것을 느끼게 하였던 좋은 행사였지만, 이런 부분이 빠져있어 아쉬움을 느꼈다.

인성 교육에 관심을 가져야 한다

국토 순례 행사는 하루 종일 힘들게 걸으면서 많은 생각을 유도할 수 있다는 측면에서 교육적으로 많은 성과가 있었던 것으로 생각한다.

'학교생활에서 나에게 문제점은 없는가?', '가정생활에서 부모님과 형제들에게 잘못하는 것은 없는가?', '나의 장단점은 무엇이며, 잘하거나, 노력해서 잘할 수 있는 것은 무엇인가?', '나는 어떤 직업을 가져야 하는가?', '공부를 하는 이유는 무엇인가?', '나의 목표는 무엇인가?', '목표를 달성하기 위하여, 나의 행동은 어떻게 하여야 하는가?' 등의 주제를 하루에 하나씩 주어, 걸으면서 생각하도록 한다.

저녁에는 자신의 생각을 국토 순례기에 적도록 하고, 마지막 날 밤에 자신이 쓴 것을 발표하면서 다른 친구들과 생각을 공유하도록 한다. 부모에게 편지쓰기와 '나의 결심'을 주제로 한 동기 부여 프로그램을 병행하였다면 교육 효과는 극대화되었을 것이다. 그러나 선생님들은 아이들 스스로 느끼게 하는 동기 부여 교육에 무관심했다.

'나의 전공은 수학인데, 어떻게 동기 부여 교육을 시킬 수 있겠어?'

'그런 교육은 전문가만이 할 수 있어.'라고 생각할 수도 있다.

동기 부여 교육 프로그램은 교육에 조금만 관심이 있다면 누구나 프로그램을 만들 수 있다.

교사는 단순히 지식만을 전달하는 사람이 아니라 학생들의 인성까지도 담당해야 하는 의무와 책임이 있다. 왜냐하면 교사는 아이들의 미래에 영향을 가장 크게 미치는 위치에 있으며, 교육 전문가이기 때문이다.

06

훌륭한 교육자가
훌륭한 제자를 만든다

아이들은 교사들의 말과 행동을 보면서 자라난다. 따라서 교사는 학생의 거울이다. 교사는 학교나 교사 자신을 위한 교육보다는 진정 아이들을 위한 교육이 무엇인가를 생각하면서 자기가 맡은 일에 사명감을 가지고 항상 노력하지 않으면 안 된다.

교육은 가르칠 敎, 길러 줄 育, 즉 '가르치는 것을 몸에 익힐 때까지 길러 주어야 한다.'라고 해석할 수 있다.

학교 교육은 지식만을 습득하는 장소가 아니다. 공동체 사회 속에서 남과 더불어 살아갈 수 있는 성숙한 인격체를 만드는 것이 진정한 교육이다. 또한 청소년의 인격 형성에 많은 영향을 끼친다. 학생들은 교사의 언행을 보면서 자라난다. 이러한 점에서 학생의 인격 형성에 있어 교사의 역할은 자못 중요하다. 교사들이 권위만 내세우고 아이들의 눈높이를 맞추지 못하고 있다면 스스로 부끄러워할 줄 알아야 한다.

학교는 필수, 학원은 선택

아이들은 학교 교사들보다 학원 강사들에게 상담을 요청하는 경우가 많다. 자신의 진로, 학업 성적은 물론 친구관계, 부모에 대한 갈등도 상담의 소재가 된다. 아이들이 대부분의 시간을 보내고 있는 학교에서는 도대체 무엇을 하는 곳인지 궁금할 정도다. 물론 학원 강사들보다는 학교 교사들을 신뢰하는 아이들이 많다. 아이들과 친하게 지내고 있다고 생각하며 살다가 어느 날 갑자기 성적이 오르지 않는다는 이유로 뒤도 돌아보지 않고 떠나가는 아이들을 보면서 이 직업을 택한 것을 후회한 적도 있다. 하지만 어쩌겠는가? 학교는 필수요, 학원은 선택인 것을…….

학교는 학원처럼 선택이 아니라 필수이기 때문에 아이들을 더욱 더 사랑으로 보살펴야할 의무가 있다. 우리나라에는 자신의 직업에 대하여 긍지를 가지고 아이들에게 최선을 다하는 교사가 많다. 하지만 모든 교사가 그렇지 않다는 현실이 가슴 아플 뿐이다.

어느 날 중3 여학생들 5~6명이 학원 입구에 모여 웅성거리고 있었다. 간간히 들려오는 말 중에는 "교육청에 고발해야 한다."는 과격한 이야기도 들렸다. 여러 차례 이유를 묻자 한 학생이 간신히 입을 열었다. 사건의 전후 사정은 대강 이러했다.

친구가 잘못을 해서 교사에게 혼이 나고 있는 과정에서, 교사가 출석부로 머리를 몇 차례 때리면서 감정이 섞인 말로, "너 같은 ×은

×나 되라."라는 말을 했다는 것이다.

　아직 어린 나이에 교사에게 그런 심한 말까지 들을 정도로 잘못을 한 학생도 문제지만 아이에게 입에 담지 못할 말을 한 교사에게도 문제가 있다. 아무리 화가 나도 기본을 지켜야 하는 사람들이 교사이다. 교사들은 절대 퇴직하지 않는다는 철밥통 의식과 나약한 교육관으로 아무렇게 아이들을 대하지 않았으면 좋겠다는 생각을 하게 된다.

누구를 위한 교육인가?

필자의 아들이 졸업한 초등학교는 시험을 보지 않기로 유명하다. 1, 2학기를 통틀어 1년에 2번 실시하는 교내 수학 경시대회가 시험의 전부다.

　그런데 아들이 5학년 1학기를 맞이하던 해에 실시한 경시대회 결과 90점 이상 맞은 아이가 반에서 한 명 있을까 말까 할 정도로 전체 학생들의 점수가 낮게 나온 적이 있었다. 경시대회에서 100점은 금상, 95점은 은상, 90점은 동상을 수여하는데, 동상 수준의 점수가 최고 점수가 된 것이다.

　학부모들은 학교 측에 시험지의 공개를 요구했다. 시험이 얼마나 어려웠기에 이런 결과가 나왔는지를 알고자 함이었다. 하지만 학교는 시험지 공개를 하지 않았다. 더 큰 문제는 그 다음에 있었다. 이어

치러진 2학기 경시대회 결과 100점을 맞은 학생이 한 반에 6~7명이나 나온 것이다. 학부모의 반발이 무서워 아예 쉽게 출제를 한 것이다.

어떤 이유로 시험지를 공개하지 않았는지도 이해가 안 되거니와 학부모의 눈치를 보느라 시험 문제를 쉽게 출제한 것도 참으로 이해가 안되는 처사였다. 교육에 대한 소신 없이 적당히 학부모들의 눈치나 보면서 정년만 채우려고 하는 교사들이 많다면 우리 아이들의 미래는 어찌되겠는가?

필자의 아이가 초등학교를 졸업하고 중학교에 입학하였는데, 아이가 입학한 중학교에서 매년 열리던 국토 순례 행사가 3학년이 되면서 열리지 않는 것이었다. 까닭을 묻자 새로 부임하신 교장 선생님 때문이란다. 교장 선생님이 행사를 반대하는 이유는 간단하였다. 사고가 날 우려가 많다는 것이다.

구더기 무서워서 장 못 담그는 격이다. 어쩌면 재직하는 동안 사소한 문제라도 생겨 자신의 경력에 해가 되는 일을 만들고 싶지 않은 마음이 더 강했기 때문인지도 모른다.

교육은 학생을 위해 존재하는 것이지 교장선생님 개인을 위한 것이 아니다. 아직도 대다수의 학생보다는 개인의 이익을 먼저 생각하는 교육자가 존재하고 있다는 사실이 안타까울 뿐이다.

아이들을 위한 교육

학원 강사나 원장들은 열심히 노력하지 않으면 경제적으로 어려움에 처할 수밖에 없는 현실 속에 살고 있다. 역설적으로 말하면 바로 이러한 이유 때문에라도 '어떻게 하면 아이들이 이해하기 쉽도록 지도하고, 아이들과 눈높이를 맞출 것인가'를 항상 연구하고 고민한다.

교육과학기술부에 제출할 사교육비 경감 정책 보고서를 작성하기 위해 자기주도학습 능력을 향상시키기 위한 수업을 시범 운영하였을 때였다. 이 중 중1 담임을 맡은 여교사가 한 명이라도 더 이 프로그램에 참여시키기 위해 아이들과 학부모들과 열성적으로 상담하는 모습을 보고 감동을 받았다. '모든 학교 교사들이 이 여교사와 같은 사명감을 가지고 아이들을 지도한다면, 우리나라 교육의 앞날이 밝을 텐데…….'라는 생각이 들었다.

아이들은 교사들의 말과 행동을 보면서 자라난다. 따라서 교사는 학생의 거울이다. 교사는 학교나 교사 자신을 위한 교육보다는 진정 아이들을 위한 교육이 무엇인가를 생각하면서 자기가 맡은 일에 사명감을 가지고 항상 노력하지 않으면 안 된다.

07 부모의 과도한 욕심이 아이를 망친다

대학에 입학한 순간부터는 비로소 자신의 길을 찾아가는 자기와의 싸움이 더 요구된다. 스스로 독립할 수 있는 능력과 의지가 부족한 상태에서 제자리를 찾지 못하고 방황하는 학생들이 많다는 사실을 기억해야 할 것이다.

몇 달 전, 어느 TV 방송 프로그램에서 남자는 10대에서 50대, 여자는 10대에서 40대를 대상으로 인생에서 가장 후회되는 일이 무엇인가를 물어 본 적이 있었다. 이 조사에서 가장 많이 나온 대답은 '학창시절에 공부를 열심히 하지 못한 것'이었다.

  이 조사 결과에서 알 수 있듯이 대부분의 부모들은 자신이 학창시절에 공부를 열심히 하지 않은 것에 대해 후회를 하고 있다. 우리나라 부모들이 자녀들의 교육에 이토록 열성적인 것은 바로 이 때문이다. 공부에 대한 필요성을 좀더 일찍 깨닫지 못하고 시간을 낭비한 지난날을 후회하며 자기 자식은 자기와 같은 삶을 살지 않도록 하려는 것이다.

  대부분의 부모들은 자녀가 좋은 대학에 입학하고, 좋은 직장에 취업하여 안정된 가정을 꾸리기를 바란다. 좀 더 욕심을 내어, 자기 자녀가 국내 명문대보다는 세계적인 명문대에 입학하여 세계적으로 유명한 인물이 되기를 바라며 유학을 보내기도 한다.

미국 유학생 수 1위, 중도 탈락율도 1위

2008년도에 조사한 기록에 의하면 미국에 유학 중인 외국인 유학생 85만9천 명 가운데 우리나라 유학생 수는 약 15%인 12만 7천명으로 출신 국별 1위를 차지했다. 2위와 3위는 인도와 중국이다. 인구가 5천만 명이 채 안 되는 우리나라가 10억이 넘는 인도와 중국보다 유학생 수가 많은 것이다. 우리나라 학부모의 교육열이 얼마나 대단한지를 짐작하게 하는 대목이다.

그러나 우리가 좀 더 심각하게 생각해 볼 문제는 1985년부터 2007년까지 하버드 대학, 예일 대학, 코넬 대학, 컬럼비아 대학, 스탠퍼드 대학, 버클리 캘리포니아 대학 등 14개 명문대에 입학한 한인 학생 1천 400명 중 졸업을 한 학생은 겨우 784명뿐이라는 사실이다. (김승기 박사의 컬럼비아 대학교 사범대학 박사 논문 '한인 명문대생 연구')

56%만이 졸업하고 나머지 44%는 중도 탈락한 것이다. 이는 유대인 중퇴율 12.5%, 인도인 21.5%, 중국인 25% 보다 훨씬 높은 것으로 한인의 중퇴율이 다른 나라 유학생에 비해 매우 높음을 보여준다.

김 박사는 한인 학생들의 중퇴율이 높은 이유로 '한국 학부모들의 지나친 입시 위주의 교육 방식'을 지적하면서 이것이 학교생활과 미국 사회 진출에 걸림돌이 되고 있다고 설명했다.

또 김 박사의 논문 조사 결과에 따르면 한인 학생들은 대학 입학을 위해 시간과 노력의 75%를 공부에 투자하고, 나머지 25%는 봉사와 특별 활동에 할애한 반면, 미국의 일반 학생들은 공부와 기타 활동에 반반씩 투자하는 것으로 나타났다.

입시 위주의 교육에 매달리다보니 인격적인 수양이나 창의적인 사고 체계를 갖추지 못하는 것이다. 즉, 입학하는 데만 노력을 기울일 뿐, 입학한 다음에는 어떻게 공부할 것인지, 그 대학이나 학과가 정말 자신의 적성에 맞는지 등을 생각하지 않는다는 것이다.

미국 대학에서의 수업은 대부분 그룹 단위로 이루어진다. 즉, 학생들이 그룹 단위로 모여 주어진 과제에 대해 토론하고, 대안을 제시하며, 이를 현실 생활에 적용해 보는 방식이다. 상황이 이렇다보니 책상에 앉아서 공부하기에만 바빴던 한인 학생들이 따라가기 힘든 것은 어찌 보면 당연한 일인지도 모른다.

한인 학생들이 외국의 대학 생활에 적응하지 못하는 이유는 따로 있다. 대부분의 한국 학생들이 부모의 강압이나 권유 등의 외적 동기에 의해 공부를 하고 있기 때문이다. 외적 동기에 길들여진 아이들이 명문대에 입학한 경우 내적 동기가 약하기 때문에 자신이 공부하는 의미와 목표를 찾지 못하고 방황하다가 중도에 포기하는 것이다.

흥미와 학습 동기 수준은 최하위

경제협력개발기구(OECD)가 주관하는 국제 학력 평가(PISA) 결과를 보면, 우리나라 교육의 문제점이 여실히 드러난다.

2006년 PISA에서 성적 최상위 5% 이내 학생의 점수를 비교한 결과, 읽기는 1위, 수학은 2위를 차지해 상위권 학생들의 학업 성취도는 세계 최고 수준을 보였으나, 한국 학생들의 수학에 대한 흥미와 학습 동기 수준은 40개 나라 중에서 흥미가 31위, 동기가 38위를 차지할 정도로 낮은 수준이었다. 학생들의 자발적인 학습을 통해 창의력을 키우려 하지 않고, 오직 시험에서 좋은 성적을 내기 위한 주입식 교육을 해온 탓이다.

학습에 대한 흥미도와 내적 동기가 부족하면, 처음에는 높은 성적을 나타낼 수 있지만, 시간이 지날수록 성적 하향 현상이 나타난다.

실제로 부모에 이끌려 빡빡한 일정으로 과외를 하고, 학원에서 공부한 많은 아이들이 중학교나 고등학교에 입학하면 성적이 계속 하향세를 보이는 것은 내적 동기에 의한 학습보다는 부모의 선택에 의한 외적 동기로 학습하였기 때문이다.

내적 동기에 의한 학습은 스스로 문제점을 찾아내고 이해하면서 논리적으로 학습을 진행하기 때문에 학습의 질이 높다. 이런 학습의 질은 평가 경향이 객관식에서 서술형으로 바뀌는 상황에서 더욱 빛을 발하게 된다.

가르치는 교육보다는 느끼는 교육이 중요하다

'세 살 버릇 여든까지 간다.'는 말이 있다. 한 번 길들여진 습관은 좀처럼 바꾸기 어렵다는 말이다. 누군가 시켜야만 행동을 하고, 통제하지 않으면 다른 것에 빠지게 만드는 습관은 모든 것을 부모에게 의존하게 만든다.

고등학교를 졸업하고 좋은 대학에 입학하였다고 하여 아이의 인생이 평탄하리라는 착각은 하지 않는 것이 좋다. 대학에 입학한 순간부터 비로소 자신의 길을 찾아가는 자기와의 싸움이 더 요구된다. 스스로 독립할 수 있는 능력과 의지가 부족한 상태에서 제자리를 찾지 못하고 방황하는 학생들이 많다는 사실을 기억해야 할 것이다.

아이들의 몇 년 후 모습보다는 현재 모습만을 중요시 여기는 것은 부모의 욕심 탓이고, 자신이 못한 것을 자식이 성취해 주기를 바라는 욕망에서 비롯된 것이다.

돈이나 부모의 욕심으로 아이들의 인생을 살 수 있다면 얼마나 좋을까? 하지만 아이들은 성장하면서 독립된 인격체로 변화한다. 자신의 정체성이 형성되면서 부모의 욕심과 자신의 인생관 사이에서 갈등을 겪게 되는 것이다.

자식은 부모가 마음대로 할 수 있다는 생각을 버리고, 아이들이 스스로 느끼게 하는 교육을 하여야 한다. 스스로 느끼게 하는 교육이 바로 자기주도학습의 첫걸음인 것이다.

08
공부하는 이유, 아이에게 내적 동기를 만들어줘라

많은 부모들은 보상을 통한 외적 동기를 통해 공부를 하다 보면, 성적이 오르고, 성적이 오르면 공부가 재미가 있다는 것을 느끼고, 공부가 재미있으면 스스로 공부를 할 것이라고 착각한다. 외적 동기를 통해 스스로 내적 동기를 찾아가는 아이는 극히 소수에 불과하다.

소위 '엄친아', '엄친딸'은 부모들의 욕심에 의하여 만들어진 단어이다. 부모가 주위의 자식들과 비교하면서 "엄마 친구 아들은 이번 시험에서 1등을 했다고 하던데."라는 말을 들을 때, 아이는 어떤 생각을 가질까?

'나도 공부를 열심히 해서 1등 해야지'라는 생각을 가지는 아이가 몇이나 될까? 공부를 더 열심히 해야겠다는 생각이 드는 것이 아니라 위축감과 반항심이 생길 것이다.

많은 부모들은 자녀들의 눈앞에 보이는 성적에만 관심을 가진다. 아이가 시험에서 좋은 성적을 내거나 좋은 학교에 진학하면, 친구나 친척들에게 자랑하고 싶어 입이 근질거린다. 남의 부러움을 통해 희열감을 느끼는 것이다.

다른 사람 자녀의 성적자랑을 듣고 온 부모는 집으로 돌아와서 자신의 자녀에게 "이번 시험에 1등 하면, 용돈 올려줄게."라는 보상제의를 하게 된다. 이러한 보상제의에 의해 형성된 외적 동기는 아이로 하여금 학습 과정에서 손쉽고 빠른 학습 방법으로 이르게 하는 결과에 목적을 두면서 공부하게 된다.

문제를 풀 때, 문제에서의 원리에 대한 탐구나 다양성을 통한 문제 해결보다는 공식을 통해 단순히 답만 구하는 방식을 택하게 되고 교과서 분석 학습, 핵심 내용 정리 등, 심도 있는 학습보다는 문제집의 문제만 푸는 방식을 선택하게 된다. 즉, 학습에 대한 질적인 향상을 기대할 수 없다. 최근 평가가 암기식으로 답을 구하는 방식에서 원리 중심의 서술형 평가로 바뀌고 있다. 따라서 이러한 학습법으로는 좋은 성적을 거두기 어렵다.

외적 동기, 아이들의 꿈을 사라지게 한다

부모에 의한 강압적인 학습이 외적 동기의 대표적인 사례에 속하지만, 성적이 좋으면 부모님에게 칭찬을 듣거나 친구들과 비교하여 우월감을 가질 수 있다는 것에서도 비롯된다.

외적 동기 부여는 일시적인 효과가 있을 뿐, 외적 동기의 조건이나 상황이 없어지는 경우 학습에 대한 흥미는 자동으로 소멸된다. 외적 동기에 의한 학습을 장기적으로 시행하였을 경우, 아이들의 사고와 행동 면에도 나쁜 영향을 끼친다. 그 몇 가지 이유를 알아보자.

첫째, 단순 사고방식의 행동으로 바뀐다.

어떤 문제에 봉착하였을 때, 다양한 생각을 통해 최적의 방법을 선택하기 위한 다면 사고보다는 쉽게 해결하려는 단순 사고를 가지게 된다. 우리의 두뇌는 복잡하게 이루어져 있기 때문에 어떻게 사용하는가에 따라 무한한 가능성이 있는 두뇌로 개발될 수도 있고, 반대로 퇴화시킬 수도 있다. 다면 사고를 통해 두뇌를 개발해야 할 시기인 아이들이 단순한 사고가 고착화되면 창의력 향상을 기대할 수 없으며 잔머리를 쓰는 아이로 변한다.

둘째, 산만하고 조급한 행동 양상을 보인다.

원리와 개념을 파악하는 데에는 고도의 집중력과 문제 해결력, 지구력 등이 요구된다. 그러나 과정보다 결과를 중시하는 학습에 길들여진 아이는 어려운 일이 닥쳤을 때 쉽게 포기를 하게 된다. 생각하는 힘이 없기 때문이다. 대부분의 경우 이러한 아이들은 주위가 산만하거나 행동이 조급한 성향을 지닌다.

셋째, 꿈이 없어진다.

꿈은 주위에서 만들어지는 것이 아니라, 스스로 만들어가는 것이다. 자기 적성을 찾거나 좋은 꿈을 가질 수 있는 조언이나 교육이 필요할 뿐이다. 꿈을 설정하기 위해서는 자아 발견, 공부하는 이유 찾기 등을 통해 많은 생각을 하여야 한다. 그러나 눈앞에 주어진 외적 동기의 목표에만 신경 쓰다 보니, 자신의 꿈을 가질 시간과 정신적 여유가 주어지지 않는다.

　많은 부모들은 보상을 통한 외적 동기를 통해 공부를 하다 보면, 성적이 오르고, 성적이 오르면 공부가 재미가 있다는 것을 느끼고, 공부가 재미있으면 스스로 공부를 할 것이라고 착각한다. 외적 동기를 통해 스스로 내적 동기를 찾아가는 아이는 극히 소수에 불과하다.

부모의 꿈이 아이의 꿈이다?

우리나라 대부분의 아이들은 자신의 꿈이 아닌 부모의 꿈을 이루기 위해 공부를 하는 경우가 많다. 우리나라 부모들의 관심은 온통 대학에만 촛점이 맞추어져 있다. 전공도 아이 스스로 선택하는 것이 아니라 유명 대학에만 합격하면 된다는 부모의 욕심에 의해 좌우된다. 일단 자녀가 대학에만 입학하면 이제 대학생도 되었고, 부모로서의 할 일도 다했으니 앞으로의 일은 자녀 스스로 알아서 해야 한다고 생각한다.

2009년도 서울 소재의 한 유명 대학에서 실시한 설문 조사 결과를 보자. 이 설문 조사 항목 중의 하나인 '현재의 대학과 학과에 만족하는가'에 대한 질문에서 인문대 53.7%, 농대 55.9%, 미대 60.8%, 생활 과학대 63.3%만이 만족한다고 대답하였고, 의대 76.8%, 경영대 77.2%, 약대 78.6%, 법대 81.7%, 치대 92.6%는 만족하는 비율이 높게 나왔다.

인문대의 경우 10명 중 5명 정도가 자신의 전공에 불만이 있다고 대답하였고, 이 중 3명 정도는 다른 전공으로 바꾸고 싶다고 대답하였다.

부모가 시키는 대로 학원에 다니고, 과외를 받아 부모가 원하는 대학에 입학하였지만 입학한 후, 자신을 돌아보니 자신의 적성과 맞지 않는 전공을 배우고 있다는 사실을 깨닫게 된 것이다. 이는 본인은 물론이고, 국가적으로도 엄청난 손실이 아닐 수 없다.

　가령 어떤 학생이 부모의 꿈에 의하여 피아노를 배웠다고 가정해 보자. 이 학생의 부모는 오로지 이 학생이 큰 규모의 대회에 나가 상을 받는 것에만 관심을 기울일 것이다. 아이가 얼마나 음악을 좋아하고 즐기고 있는지, 음악적 감성과 소질은 어느 정도인지, 나름대로 곡을 해석하고 자신의 감정을 실어 연주할 수 있는지 등에는 관심이 없다. 단지 남들로부터 칭찬을 듣기 위해 피아노를 배우거나 대학에 입학하기 위해 피아노를 배운다면 피아노를 잘 치는 기능인에 머물 수밖에 없다.

　훌륭한 예술가는 기능만으로는 될 수 없으며, 창조하는 능력을 갖추어야 한다. 창조하는 힘은 자신이 하는 일에 대하여 진정 좋아하고, 즐기면서, 그 세계에 빠져들어야만 비로소 생겨나는 것이다.

자녀교육은
마라톤과 같다

레이싱 초반에 많은 힘을 사용하면, 결승점까지 도달할 수 없으며, 너무 천천히 달리면 선두와의 격차가 너무 벌어져 레이싱이 힘들게 된다. 자녀교육도 장기적인 전략과 각 단계별 전략을 통해 계획적으로 이루어져야 한다.

대부분의 부모님들은 자녀가 중학교에 입학을 하고 첫 번째 시험을 치룬 후에 받아 온 성적표를 보고 실망을 느낀다. 중학교 성적표는 초등학교와 달리 과목별 전교 등수와 평균 점수에 대한 등수가 자세하게 기재되어 있기 때문이다.

자녀의 성적에 새삼 불안을 느낀 부모는 '학원을 바꾼다.', '과외교사를 붙인다.' 난리법석을 떤다. 하지만 부모의 열성과 관심에 비례하여 아이의 성적이 올라가는 경우는 드물다. 부모의 이러한 노력에도 아이의 성적이 오르지 않으면 차츰 포기하는 마음이 생기게 된다. 아이 또한 서서히 자신의 성적을 인정하게 되고, 자신감을 상실하게 된다.

각 단계에서 반드시 갖추어야 할 것들이 있다

사람의 성장 단계는 일반적으로 학습기, 독립기, 정착기, 안정기의 네 가지 시기로 구분할 수 있다. 학습기는 태어나면서부터 학교를 졸업할 때까지의 시기로, 이 시기에는 많은 학습정보를 왕성하게 습득하게 된다. 독립기는 취직을 하게 되는 때로부터 결혼을 하기 전까지의 시기로 부모의 보살핌에서 벗어나 사회생활을 하면서 독자적인 판단과 행동을 하게 된다.

정착기는 결혼한 후부터 정년 퇴직까지의 시기로 안정된 직장생활과 가정생활을 영위하면서 정신적, 경제적으로 정착을 하게 된다. 안정기는 현직에서 물러나 노후생활을 즐기면서 정신적, 경제적 여유를 가지는 시기이다. 인생은 이와 같이 네 가지 시기로 구분하기는 하지만 독립기, 정착기, 안정기를 얼마만큼 만족스럽게 보낼 수 있는가는 학습기에서의 노력 여하에 달려 있다고 해도 과언은 아니다.

학습기는 다시 1단계 유아 시절, 2단계 초등 1~3학년 시절, 3단계 초등 4~6학년 시절, 4단계 중학 시절, 5단계 고등 시절, 6단계 대학 시절, 7단계 취업 준비 시절로 세분화할 수 있다. 각각의 단계에서 요구되는 능력을 갖추지 않는다면 다음 단계에 적응을 할 수 없게 되거나 쫓아가기가 힘들어진다. 중학교에 입학하여 원하는 성적이 나오지 않는 것은 1~3단계에서 준비가 미약하였기 때문이다. 학습 성과는 하루아침에 이루어지는 것이 아니라 축적되어 만들어진 결과이기 때문이다.

1단계나 2단계 시절에 '아이가 아직 어려니까 나중에 하면 되지'라는 안일한 생각을 한다면 성공한 자녀로 키울 수 없다. 각각의 단계에는 반드시 갖추어야 할 학습 능력과 습관이 있기 때문이다.

 사람의 성장 단계에서 학습 시기

1단계 : 유아기
2단계 : 초등 1~3학년
3단계 : 초등 4~6학년
4단계 : 중학교
5단계 : 고등학교
6단계 : 대학교
7단계 : 사회 생활

성공한 자녀를 만들기 위해서는 장기 전략이 필요하다

학습기의 각 단계에서 부모의 보살핌에 대한 비율은 1단계 유아 시절의 100%에서 단계가 높아질수록 서서히 떨어진다. 6단계 대학 시절에는 부모의 보살핌이 거의 미치지 못하기 때문에 각 단계가 높아질수록 스스로 판단하고 결정해야 하는 능력이 요구된다. 만약, 부모가 결정해 주어야 행동하는 태도가 대학까지 계속적으로 이어진다면 독립기는 늦어지고, 정착을 해야 하는 시기에도 쉽게 정착하지 못하는 결과를 초래할 것이다. 스스로 판단하고 결정하는 능력은 자기주도학습에서 나오는 능력이다.

자녀교육은 마라톤과 많이 비유된다. 레이싱 초반에 많은 힘을 사용하면, 결승점까지 도달할 수 없으며, 너무 천천히 달리면 선두와의 격차가 너무 벌어져 레이싱이 힘들게 된다. 자녀교육도 장기적인 전략과 각 단계별 전략을 통해 계획적으로 이루어져야 한다. 중요한 자녀교육을 학교나 학원에만 맡기기 보다는 부모가 직접 많은 부분을 감당해야만 성공한 자녀로 만들 수 있다.

생각하는 힘이
평생 성적을 만든다

아이들을 지도할 때, 문제를 본 다음, 10초 이상을 '어떻게 하면 쉽게 풀 수 있는가?' '어느 부분에서 실수할 가능성이 있는가?'를 생각한 후, 문제를 푸는 습관을 가지라고 한다. 행동하기 전에 먼저 생각하는 습관을 가지도록 지도하는 것이 좋다.

과거는 자연 환경을 바탕으로 한 정적靜的인 사회였기 때문에 많은 것을 생각하며 살 수 있었다. 하지만 현대 사회는 동적動的인 사회로, 깊은 생각에 의한 판단보다는 모든 것을 빠르게 받아들이고 판단할 것을 요구하고 있다.

교육 현장에 이미지 교육이 확대되면서 교과서의 글은 줄어들고 있고, 교실의 한 구석에는 시청각 매체가 자리 잡고 있다. TV는 흥미 위주의 행동과 단순한 사고를 유도하고 있고, 컴퓨터 게임은 아이들의 집중력과 지구력을 떨어뜨리고 있다. 가정에서도 아이들에게 "빨리, 빨리!"를 외치면서 생각할 시간을 주지 않고 있다.

우리 아이는 좌뇌형일까? 우뇌형일까?

중2 남학생이 어머니와 함께 상담을 요청하였다. "엄마가 불러도 늦게 대답하고, 말수가 적으며, 행동이 느려서 걱정이에요."

검사 결과 이 학생은 좌뇌가 우뇌보다 15% 정도 더 발달되어 있는 것으로 나타났다. 보통 좌뇌와 우뇌의 발달 정도 차이는 최대 10% 정도인데 이 아이는 조금 심한 편이다.

정상인 학생보다 대답이 늦고, 말수가 적으며, 행동이 느린 것은 좌뇌형 두뇌를 가진 아이들의 특성이다. 상대방의 말을 논리적으로 이해하기 위해 늦게 대답하고, 부모가 빨리 빨리를 외치며 타박하기 때문에 집에서 입을 닫는 것이다.

우뇌형 아이는 동물적 감각을 통해 빠른 판단을 하면서, 여러 가지 일을 한꺼번에 처리할 수 있는 병렬형 행동 양상의 특성을 가진 반면, 좌뇌형은 논리적 판단으로 옳다고 생각하여야 행동하고 한 가지 일을 마쳐야 다음 일을 처리하는 순차형 행동 양상을 가진다.

동적인 사회를 구성하고 있는 사람들 중의 60~70%가 우뇌형 두뇌를 가진 현실에서 부모가 우뇌형인 경우, 좌뇌형 자녀의 행동은 이해가 되지 않을 것이다. 우뇌형 아이는 빠르게 판단하고 행동하기 때문에 실수가 많고, 좌뇌형은 많은 생각을 한 후에 판단하기 때문에 실수가 적다. 부모는 자신들의 자녀가 우뇌형인지, 좌뇌형인지를 파악한 후 자녀의 특성에 맞게 교육을 하여야 한다. 즉, 우뇌형은 좀 더

생각한 후에 행동하도록 지도하고, 좌뇌형에게는 빠른 대답을 유도할 수 있도록 설득하는 대화를 통해 일을 시키는 것이 좋다.

생각하는 습관은 학습성취도를 높인다

만약, '반지름이 5cm이고, 높이가 20cm인 원기둥의 겉넓이를 구하여라.'는 문제를 푼다고 가정해 보자. 우뇌형 아이는 문제를 보자마자 풀기 시작한다. 머릿속에는 '원기둥의 겉넓이 구하는 공식=밑넓이×2+옆넓이'를 생각하면서 밑넓이를 구하기 위하여 '5×5×3.14=78.5' 밑넓이×2를 해야 하므로, '78.5×2=157'를 계산한다.

그런 후 먼저 밑 원의 둘레를 '5×2×3.14=31.4'로 계산하고, '31.4×20=628'로 옆넓이를 계산한다. 마지막으로 '157+628=785cm^2'로 계산하여 답을 적는다.

반면, 좌뇌형은 어떻게 계산할 것인지 생각해 보고, 원기둥의 겉넓이 구하는 공식을 머릿속에 생각하면서 '5×5×3.14×2+5×2×3.14×20'을 적은 후, 식을 정리하여 '50×3.14+200×3.14=250×3.14=785cm^2'로 계산한다.

우뇌형은 많이 틀리는 3.14 계산을 3번하였고, 좌뇌형은 식을 정리하면서 계산하였기 때문에 3.14 계산을 1번만 하였다. 아이들이 평면도형이나 입체도형에서 실수를 하는 이유는 3.14 계산을 여러 번하기 때문이다.

이러한 계산은 '16×31'을 물어본다면, 우뇌형은 연습장을 꺼내 가로 계산으로 답을 구하지만, 좌뇌형은 머릿속으로 수를 분해하면서 16×(30+1)=16×30+16×1=480+16=496로 답을 구한다.

집합에 대한 문제를 하나 더 예로 들어보자. '$A^c \cap B^c \cap C^c$에 대하여 벤다이어그램을 그려라.'는 문제에서 우뇌형은 먼저, A^c에 대한 벤다이어그램을 그리고, B^c와 C^c을 그려 세 집합에 대한 교집합을 그려보지만 쉽게 그려지지 않아 포기를 하는 경우가 많다. 반면, 좌뇌형은 쉽게 풀 수 있는 방법을 생각한 후, $A^c \cap B^c \cap C^c = (A \cup B \cup C)^c$로 고치고 쉽게 벤다이어그램을 그린다.

빨리 빨리 보다는 먼저 생각하는 습관을 가지자

우뇌형과 좌뇌형이 각각의 특성을 가지고 있기 때문에 어느 것이 우수하다고는 할 수 없다. 하지만 학년이 올라갈수록 분석 학습과 탐구 학습 등이 요구되기 때문에 좌뇌를 많이 사용하는 학습이 필요하다.

아이들을 지도할 때, 문제를 본 다음, 10초 이상을 '어떻게 하면 쉽게 풀 수 있는가?' '어느 부분에서 실수할 가능성이 있는가?'를 생각한 후, 문제를 푸는 습관을 가지라고 한다. 아이들에게 '빨리 빨리'를 외쳐 빠르게 행동하도록 하기보다는 행동하기 전에 먼저 생각하는 습관을 가지도록 지도하는 것이 좋다.

2부

자기주도학습이 평생 성적을 좌우한다

01

공부하는 힘이
평생 공부의 원천이다

아이들이 고등학교 진학을 하면서 공부를 포기하는 아이들과 공부를 끝까지 포기하지 않는 아이들로 구분된다. 공부하는 힘을 가지고 있는 아이는 공부에 탄력이 붙어 학습을 계속하지만 그렇지 않은 아이는 쉽게 좌절하거나 포기하는 경우가 많다.

올해 친구의 아들이 서울의 명문대에 입학을 하였다. 그런데 이 아이의 중학교 때 성적은 중하위권이었다. 때로는 38명의 학생 중에서 32등을 할 정도로 공부에는 전혀 관심을 보이지 않았다. 하지만 부모는 아이에게 공부하라는 소리를 한 번도 하지 않았다. 다만, 네가 하고 싶은 대로 하라고 하면서 독서를 강조하였다고 한다.

책을 좋아하는 아이는 공부보다는 책을 읽는데 더 많은 시간을 가졌고, 남은 시간에는 기타를 치거나 힙합 춤을 추는 것을 좋아하였다. 고등학교에 입학을 하자 아이는 친구들이 공부하는 모습을 보며, 공부를 하여야겠다는 결심을 하였단다. 공부를 하기 시작한 아이는 처음에는 전교에서 100등의 성적으로 오르더니 고2 때에는 전교에서 5등 안에 드는 성적 최우수자가 되었다.

　중학교에서 꼴찌 수준이었던 아이가 별다른 학원에도 다니지 않고, 성적 최우수자로 탈바꿈을 하게 된 이유는 무엇일까? 바로 공부하는 힘을 갖추었기 때문이다.

독서로 향상되는 학습 능력 네 가지

　그럼, 이 아이의 공부하는 힘은 어디서 생긴 것일까? 바로 책을 많이 읽었기 때문이다. 책을 많이 읽으면 다음과 같은 여러 학습 능력이 향상된다.

첫째, 교과 내용의 핵심 파악 능력이 향상된다.

책을 읽으면서 내용을 파악하고 저자가 의도하는 것을 파악할 수 있기 때문이다. 그러나 모두 독서를 많이 한다고 해서 핵심 파악 능력이 향상되는 것은 아니다. 글의 장르는 크게 문학과 비문학으로 나뉜다. 일반적으로 문학은 시, 소설, 수필, 희곡이고, 비문학은 설명문, 논설문, 전기, 역사, 인문과학, 자연과학 등이다.

우리 생활 속의 글 중에서 20% 정도는 문학에 해당하고, 80% 정도는 비문학에 해당한다. 문학인 소설을 많이 읽었다고 해서 공부를 잘하는 것은 아니다. 아이들이 공부하는 교과서 내용의 대부분이 비문학에 해당되기 때문이며, 문학보다는 비문학의 장르가 이해하기 어렵다.

읽기 쉽다고 해서 문학만 읽는 것은 좋지 않다. 즉, 편독은 생각을 편협하게 만들고, 새로운 장르의 글을 받아들이는 것을 방해한다. 창의적인 사고를 가지게 하기 위해서는 다양한 장르의 책을 읽어야 한다. 문학과 비문학을 통틀어 어떠한 장르의 것도 잘 이해하고 받아들일 줄 알아야 한다. 넓은 배경 지식을 쌓기 위해서는 반드시 여러 장르의 책을 읽어야 하며, 그래야만 이해력과 논리력이 향상되어 교과서 핵심 파악 능력이 향상된다.

둘째, 집중력과 지구력이 향상된다.

독서를 많이 하는 아이들은 몇 시간동안 움직이지 않고 책을 읽는 대단한 집중력과 지구력을 가지고 있다. 공부에 있어서 집중력과 지구력이 필요하다는 것은 누구나 알고 있는 사실이다. 독서를 하면 학습에 필요한 능력인 집중력과 지구력이 향상된다.

셋째, 논리적 표현 능력이 향상된다.

표현은 말을 하는 것과 글로 나타내는 것이 있다. 독서를 많이 하는 경우, 논리적 표현 능력이 향상되어, 면접을 볼 때 말을 조리 있게 할 수 있으며, 논술에서도 자신의 생각을 조리 있고 명확하게 표현할 수 있다.

넷째, 책 읽는 속도가 빨라지고, 이해력이 향상된다.

독서를 많이 하면, 특별한 속독 훈련 없이 책을 읽는 속도가 어느 정도까지 빨라지고 이해력도 향상된다. 각종 시험의 지문이 많아지는 고학년으로 갈수록 독서의 효과는 더욱 크게 발휘된다.

공부하는 힘은 유아 시절부터 키워야한다

최근 평가 유형을 보면, 수능에서 언어 능력을 평가하기 위하여 지문의 난이도를 높이기보다는 길이를 늘이고 있다. 따라서 빠르게 읽고, 이해할 수 있는 언어 능력이 요구된다. 다른 영역인 수리, 탐구 영역에서도 단순한 질문 방식의 문제에서 벗어나 지문을 완전히 이해하여야 문제를 풀 수 있는 유형으로 바뀌었다. 이와 같은 평가 방식에서 많은 점수를 받기 위해서는 이해력과 논리 사고력 및 논리 표현력을 길러야 한다.

빠르게 읽는 속도, 높은 이해도, 논리적 표현 능력, 집중력, 지구력, 문제 해결력, 비판력 등을 학습 능력 향상을 위한 기초 학습 능력이라 한다. 이와 같은 기초 학습 능력은 공부하는 힘의 바탕이 된다. 공부하는 힘이 내적 동기와 만나 뛰어난 학습 효과를 발휘하게 되는 것이다.

아이들이 고등학교 진학을 하면서 공부를 포기하는 아이들과 공부를 끝까지 포기하지 않는 아이들로 구분된다. 공부를 포기하지 않은 아이들은 반드시 대학에 가고야 말겠다는 내적 동기가 부여되기 때문이다. 이런 아이들은 공부를 하라는 말을 하지 않아도 스스로 책상에 앉는다. 공부하는 힘을 가지고 있는 아이는 공부에 탄력이 붙어 학습을 계속하지만 그렇지 않은 아이는 쉽게 좌절하거나 포기하는 경우가 많다.

공부하는 힘을 키울 수 있는 시기는 유아부터 중학교 입학 전까지이다. 중학생이 되면 학습 동기 부여와 공부 스킬을 향상시키는 데에 역점을 두어야 하므로 시간적인 여유가 없다. 다시 공부하는 힘을 키우는 데에는 많은 시간과 노력이 필요하기 때문이다.

이렇듯 공부하는 힘을 가진 아이는 자신이 원하는 시기에 인생의 방향을 바꿀 수 있는 중요한 무기를 가지게 되는 것이다.

02
자기주도학습이 평생 성적을 좌우한다

자기주도학습의 정의는 '학생이 학습의 주체가 되어 학습 목표를 설정하고, 학습할 내용을 정하여, 자신의 능력에 맞추어 학습하고, 스스로 평가하여 자신의 학습을 수정·보완하는 학습 과정', 즉 '스스로 학습 목표를 정하고 계획하면서 실천하는 학습법'이다.

우리나라에 자기주도학습이라는 단어가 등장한 것은 이미 오래 전의 일이다. 사교육비가 천정부지로 올라가는 시점에서 자기주도학습이 사교육에 대한 대안으로 나타난 것이다. 많은 교육 전문가들은 자기주도학습만이 비대해진 사교육의 문제점을 해결할 수 있다고 주장하고 있다.

자기주도학습의 정의는 '학생이 학습의 주체가 되어 학습 목표를 설정하고, 학습할 내용을 정하여, 자신의 능력에 맞추어 학습하고, 스스로 평가하여 자신의 학습을 수정·보완하는 학습 과정', 즉 '스스로 학습 목표를 정하고 계획하면서 실천하는 학습법'이다. 학원이나 과외에서 학습의 주체는 누구인가? 학습 주체가 누구인가에 따라 성과는 큰 차이가 난다. 누군가에게 가르침을 받기 위해 학원이나 과외를 다닌다는 생각과 자신이 모르는 것을 배우기 위하여 학원이나 과외를 다닌다는 생각과는 학습 효과 면에서 크게 차이가 난다.

가르침을 받는다는 것은 '나는 가만히 있을 테니, 선생님이 내 머릿속에 지식을 넣어 주세요.'라는 소극적 태도를 가지는 것이다. 반면, 자신이 모르는 것을 배우겠다는 생각을 가진다는 것은 스스로 알기 위해 선생님에게 질문을 하고, 이를 기억하려고 노력할 것이기 때문에 학습 주체는 학생이 된다.

아이가 아무리 학원이나 과외를 하여도 성적이 어느 선까지만 올라가고 더 이상 올라가지 않는다면 학습 주체는 선생님이라고 생각해도 무방하다.

자기주도학습만이 최선의 해결 방법이다

최근 지방자치단체에서는 자기주도학습을 실시하는 초·중·고등학교에 지원금을 지급하고 있다. 자기주도학습 프로그램은 학부모, 학생, 교사에게 각각 다른 내용으로 진행된다. 학생에게는 학습 동기 부여, 자신감 키우기, 집중력 향상, 시간 계획 및 관리 등 스스로 공부하는 습관을 기르도록 도와주고, 학부모에게는 자녀 스스로 공부할 수 있는 환경을 만드는 방법, 부모의 역할에 대하여 소개하며, 교사에게는 교육 방법 등을 소개한다.

교육과학기술부에서도 초·중·고등학교 400여 곳을 지정하여 자기주도학습을 실시하는 등 사교육비 경감대책을 내 놓고 있다. 이러한 분위기에 편승하여 입시·보습 학원도 자기주도학습을 실시한다고 광고하고 있다.

자기주도학습은 '학생이 학습의 주체가 되어 학습하는 것'을 의미한다. 따라서 학생을 가르치는 것이 주업무인 학원에서 자기주도학습을 실시한다고 주장하는 것은 모순이 있다. 혹시 아이들을 자습실에서 공부시키고, 모르는 것이 있으면 선생에게 물어보면서 공부하는 방식을 자기주도학습이라고 생각하는 것은 아닐까?

약 7~8년 전 자기주도학습관이라는 학원이 생겼다. 처음에는 서울과 경기도 주요 지역에서 학생을 모집하더니, 점차 전국적으로 사업 영역을 넓히더니 현재는 프랜차이즈 형태로 전국 100여개의 가맹 학원을 모집하여 운영 중에 있다. 이 학원의 운영 시스템은 학생이 입학하면 상담을 거쳐, 스스로 자신의 학습 스케줄을 작성하고, 독서실과 같은 환경에서 공부하면서 모르는 내용을 학습 매니저에게 질문하고, 공부한 내용을 확인하는 과정을 통해 학생 스스로 학습 원리를 깨우치도록 하는 방식이다.

즉, 학습 매니저는 학습 과정에서 학습 동기를 부여하고, 학생이 취약한 과목은 좋은 단과 학원을 선정하게 하여 시간과 학습의 효율성을 높인다는 것이다. 학습(배울 學, 익힐 習)은 배우면서 익히는 과정이다. 즉, 배우면서 Teaching 스스로 익히는 과정 Learning 이 되어야 한다. 배우는 과정만으로는 학습이 불가하며, 배운 것을 자신이 익히는 과정이 필요한 것이다. 아이들이 학원을 다니면서 배우는 것에만 익숙하였지 배운 것을 자신의 것으로 만드는 복습 과정을 거치지 않기 때문에 올바른 학습이 이루어지지 않는다는 것이다.

　자기주도학습관은 일부 지역의 학부모들에게 호평을 받았으나 다른 곳에서는 그다지 큰 호응을 얻지 못하였다. 또 고등학생의 학부모는 "자기주도학습관을 다니면서 성적이 올랐다."면서 흡족해 했고, 중학생의 학부모는 "수업을 하면서 가르쳐 주지 않고, 혼자서 공부

하라고 하면 독서실과 별반 다를 것도 없는데, 몇 배나 비싼 돈을 내면서 다녀야하는지 모르겠다."면서 불만을 토로했다. 왜, 이렇듯 학년과 지역에 따라 엇갈린 반응이 나오는 것일까?

지역에 따라 반응이 차이가 나는 이유는 부모의 자기주도학습에 대한 이해도 차이때문이기도 하고, 부모들이 비싼 학원비에 걸맞은 높은 성과를 기대하고 있기 때문이기도 하다.

또 학년에 따라 성과가 차이나는 이유는 고등학생은 대학 입시를 앞두고, 스스로 학습 동기 부여를 가지고 있는 반면, 초등학생이나 중학생들은 학습 동기 부여를 가지고 있지 않기 때문이다. 또 중학생은 스스로 익히는 과정에 대한 습관이 아직 형성되어 있지 않기 때문이다.

자기주도학습 필수 요소 네 가지

학습 동기 부여만이 자기주도학습을 하기 위한 요소라고 생각하기 쉽지만 자기주도학습을 하기 위해서는 다음 네 가지 요소가 갖추어져야 한다.

첫째, 공부하는 힘이 있어야 한다.

공부하는 힘은 공부할 수 있는 기본적인 학습 능력을 뜻하는 것으로, 집중력, 이해력, 논리력, 분석력, 비판력, 지구력, 문제 해결력 등과 같은 기초 학습 능력이 이에 해당한다.

둘째, 학습 습관이 형성되어야 한다.

스스로 시간과 행동을 통제를 하면서 계획하였던 학습을 일정한 시간에 실행할 수 있는 학습 습관이 형성되어야 한다.

셋째, 공부를 해야 한다는 학습 동기 부여를 가지고 있어야 한다.

학습 동기 부여는 공부하는 목적을 스스로 찾아내고 목표를 설정하여 스스로 공부할 수 있는 마음자세를 가지는 것이다.

넷째, 공부하는 스킬을 가지고 있어야 한다.

자신에 맞는 학습법과 학습 도구를 사용하여 효율적인 학습을 할 수 있는 자신만의 공부법을 가지고 있어야 한다.

이 네 가지 요소 중에서 하나라도 모자란다면 자기주도학습을 실현하기 어렵다.

자기주도학습의 아홉 가지 효과

자기주도학습 실현으로 미국 유명 대학에 입학한 아이에게 가장 재미있었던 시절이 언제였느냐고 물어 본 적이 있었다. 그 아이는 주저하지 않고 '중학 시절'이라고 대답하였다. 친구들이 학원에서 공부를 하는 동안 자신은 학교 임원 활동과 특활 활동을 하면서 재미있게 지냈다고 한다.

세계화를 지향하는 시대에 있어서 우리나라의 교육 전략은 무엇인가? 우리나라는 현재 입시 위주의 교육으로는 더 이상 미래 사회에 대비할 창의적 사고와 유연성을 가진 인간을 기를 수 없다고 판단하고, 학교교육의 정상화와 새로운 학교 문화 창조 차원에서 학습자 중심의 열린 교육, 자기주도학습, 창의적 인성 교육 등을 추진하고 있다.

제7차 교육과정에서는 열린 교육을 근간으로 하여 '자기주도학습 능력을 갖춘 인간 양성'을 교육과정의 중심에 두고 교수·학습 방법을 세밀하게 제시하고 있다. 또한 교육발전 5개년 계획에서도 자기주도학습 능력 향상을 위한 수업 체제의 혁신을 강조하고 있다. 다시 말해서 최근 학교 현장에서의 교육은 '개별화된 학습자 중심 교육을 통한 자기주도학습 능력 신장'에 촛점이 맞춰지고 있는 것이다.

자기주도학습의 아홉 가지 효과

오늘날과 같이 교육이 학습자 중심의 패러다임으로 변화해가는 시점에서 자기주도학습을 강조하는 것이 어쩌면 당연한 일인지도 모른다. 자기주도학습의 효과는 다음과 같다.

① 학습 효과와 학습의 질이 높아진다.
배우고자 하는 사람이 가만히 앉아서 가르쳐 주기를 기대하는 수동적 학습보다는 스스로 배우기 위해 노력하는 능동적 학습이 더 학습 효과가 높다는 것은 두말할 나위가 없다. 자기주도학습을 하는 사람은 명확한 학습 목표를 가지고 문제점을 해결하려 하기 때문에 학습한 내용을 오래 기억하고, 학습의 질 또한 높다.

② 창의력이 향상된다.
탐구하는 자세로 학습에 임하기 때문에 원리를 이해하려고 노력한다. 정리된 학습 내용을 논리적으로 표현하고, 모르는 것을 알기 위해 노력하는 과정에서 문제 해결 능력이 향상되며, 이를 통해 창의력이 향상된다.

③ 성적이 쉽게 흔들리지 않는다.
학원이나 과외 선생님의 도움을 받아 향상된 성적은 누군가의 도

움이 없을 경우 쉽게 하락한다. 하지만 자기주도학습을 한 아이는 성적이 쉽게 떨어지지 않는다. 학원에 다니는 아이들의 성적은 등락이 심한 경우가 많지만 스스로 학습한 아이들은 등락의 차가 거의 없다는 특성을 가지고 있다.

④ 독립심이 강해진다.

인간이 어머니 뱃속에서 태어날 때에는 부모에게 의존하는 존재이지만, 성숙해지면서 점차적으로 부모, 선생님으로부터의 통제에서 벗어나 독립을 한다. 자기주도학습은 부모의 통제에서 벗어나 자신의 인생을 스스로 개척해 나갈 수 있는 성숙한 사람이 되는 데에 도움을 준다.

⑤ 꿈을 빠르게 이룰 수 있다.

자기주도학습을 하는 사람은 자신의 꿈을 빨리 실현한다. 꿈을 이루는 과정에서 자신의 장단점을 분석하고, 자신의 특기 적성을 찾아 진로를 탐색하는 과정을 거치기 때문에, 다른 아이들보다 목표 설정이 빠르고, 시행착오를 적게 겪어 자신의 꿈을 빠르게 이룰 수 있다.

⑥ 시간적으로 여유가 있기 때문에 특기 적성을 개발할 수 있다.

학습 효과가 높기 때문에 시간적으로 여유가 있으며, 여유 있는 시간을 이용하여 학교에서 실시하는 개발 활동(과학 탐구, 밴드, 사물놀이, 공예 등)에 충실할 수 있다. 또 예체능 학원을 이용하여 자신의 특기 적성을 개발할 수 있다.

자기주도학습 실현으로 미국 유명 대학에 입학한 아이에게 가장 재미있었던 시절이 언제였느냐고 물어 본 적이 있었다. 그 아이는 주저하지 않고 '중학 시절'이라고 대답하였다. 친구들이 학원에서 공부를 하는 동안 자신은 학교 임원 활동과 특활 활동을 하면서 재미있게 지냈다고 한다. 아이들이 공부도 중요하지만, 취미 활동을 즐기는 것도 공부못지않게 중요하다. 왜냐하면 취미 활동을 함으로써 스트레스를 해소하고 피로감을 덜며, 자신의 특기 적성을 개발할 수 있기 때문이다.

⑦ 자신감을 가질 수 있다.

어려운 일을 남의 도움 없이 혼자서 해결하였다면 누구나 자신감을 가지게 된다. 학원이나 과외를 하면서 반에서 10등을 하는 아이와 혼자서 공부하다가 모르는 내용이 나올 경우 인터넷 강의를 들으면서 공부를 하여 10등을 한 아이를 비교해 보면 후자의 경우가 더 성적이 올라갈 가능성이 높다.

모르는 문제를 스스로 해결하고 난 후의 기쁨은 느껴 본 사람만이 안다. 이러한 기쁨은 자신감으로 이어지면서 매사 적극적이면서 긍정적인 사고를 가진 아이로 변화한다.

적극적이고 긍정적인 사고가 바탕이 되어 생긴 자신감은 자신이 가지고 있는 능력보다 훨씬 더 많은 능력을 발휘할 수 있는 원동력으로 작용한다.

⑧ 대입 준비에 탁월한 효과가 나타난다.

고등학교 고학년이 되면 학원을 다니는 시간보다는 혼자서 공부하는 시간이 많아져야 한다. 이미 배웠던 것들을 정리하여 자신의 것으로 만드는 중요한 시기이므로 자신만의 학습법으로 공부한다면 학습 효과는 물론이고 경제적, 시간적으로 많은 도움이 된다.

⑨ 사교육비 지출이 대폭 줄어든다.

2008년도 통계청에 의하면 초등학생 89%, 중학생 75%, 인문계 고등학생 62%가 사교육을 받고 있다고 하였다. 월평균 지출되는 사교육비도 초등학생은 22만 7천 원, 중학생은 23만 4천 원, 인문계 고등학생은 24만 원이다. 하지만, 이러한 통계는 모든 지역(서울에서 읍면 지역까지)과 소득 격차(월평균 가구 소득이 100만 원 미만에서 700만 원 이상)의 전국 평균으로, 각 가정에서 지출되는 사교육비와는 차이가 많을 것이다.

실제로 서울 지역과 읍면 지역의 사교육비 지출 금액은 2.3배 정도 차이가 나며, 월 가구 소득 100만 원 미만과 700만 원 이상의 사교육비 지출 금액은 8.8배 정도 차이가 난다. 자기주도학습을 실시하면 천정부지로 올라가는 사교육비의 지출이 현저하게 줄어들 것이다.

자기주도학습을 완성하는 3단계 학습 전략

1단계 개념학습 단계 → 2단계 문제적응 단계 → 3단계 시험준비 단계와 같은 3단계로 학습을 진행하게 된다. 일정한 시간으로 학습할 때, 3단계 학습에 대한 티칭 시간과 러닝 시간의 비율은 각기 다르다.

대부분의 학생들은 거의 매일 학교 수업이 마친 후, 곧장 학원에 가서 밤늦게 귀가하는 생활을 하고 있다. 집에 가서도 학원에서 내준 숙제를 하는 등 열심히 공부하는 것 같은데, 성적은 좀처럼 오르지 않는다. 공부를 열심히 하는데 성적이 오르지 않는 이유는 무엇일까?

이러한 현상이 나타나는 이유는 배운 것을 잊어버리기 전에 스스로 공부하여 자신의 것으로 만드는 학습 단계가 없기 때문이다. 교사가 학생에게 직접적으로 학습 내용을 전달하는 교육 활동을 Teaching(티칭)이라고 하고, 학생이 스스로 공부하면서 학습 내용을 익히는 교육 활동을 Learning(러닝)이라고 한다. 학원을 열심히 다니면서 공부를 열심히 하는 것 같은데, 성적이 오르지 않는 것은 러닝 시간이 적기 때문이다. 학원을 다니는 아이들은 티칭 시간은 많으나, 스스로 배운 내용을 익히는 과정인 러닝 시간이 적어 성적이 정체되는 현상이 나타나는 것이다.

성적이 오르지 않는 이유는 무엇인가?

학습을 하는 데에 있어 티칭 시간과 러닝 시간을 비율은 어떻게 조절하는 것이 좋을까?

먼저, 시간의 흐름을 통해 학습하는 방법을 분석해 보자. 처음에 학습을 시작할 때에는 개념을 잡기 위하여 개념원리교육을 한다. 개념원리교육을 마치면 문제를 풀어 보면서 각 내용과의 연관성과 문제 출제 경향을 파악하는 문제적응 단계를 거치게 된다. 이후, 시험 기간이 가까워지면 심도 있는 문제나 기출 문제를 풀어 보면서 미진한 부분을 보충하거나 만점을 받기 위한 완전 학습이 진행된다.

즉, 1단계 개념학습 단계 → 2단계 문제적응 단계 → 3단계 시험준비 단계와 같은 3단계로 학습을 진행하게 된다. 일정한 시간으로 학습할 때, 3단계 학습에 대한 티칭 시간과 러닝 시간의 비율은 각기 다르다.

개념학습 단계에서는 처음 접하는 단원에서 개념을 배우는 과정이므로 당연히 티칭 시간이 러닝 시간보다 길어진다. 문제를 통해 알고 있는 개념을 정리하면서 문제 출제 경향을 파악하는 문제적응 단계에서는 시간이 지날수록 티칭 시간보다 러닝 시간이 급격히 길어지게 된다. 시간이 지날수록 모르는 것보다는 아는 것이 많아지기 때문이다. 확인 학습 또는 완전 학습을 하는 과정인 시험준비 단계에서는 러닝 시간이 대부분이어야 한다.

만약, 시험준비 단계에서 티칭 시간이 많아진다면, 앞선 단계에서 제대로 공부하지 않은 것이다. 시험준비 단계에서는 자신이 알고 있는 내용을 확인하는 과정과 이해한 내용을 암기하는 과정인 러닝 시간이 대부분을 차지하며, 단지 티칭 시간이 필요한 경우는 심화 학습 시 모르는 부분이 있을 때에만 국한된다.

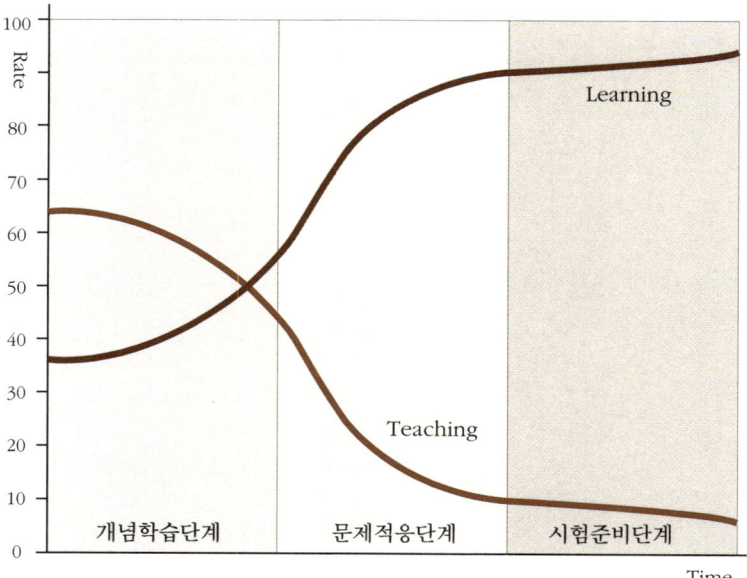

▲평균 90점대를 유지하는 학생의 3단계 학습에 대한 티칭 시간과 러닝 시간의 비율

앞의 그림은 평균 90점대를 유지하는 학생의 3단계 학습에 대한 티칭 시간과 러닝 시간의 비율을 나타낸 것이다. 이 학생은 개념학습 단계에서 티칭과 러닝 시간의 비율을 6:4로 조정하였다. 즉, 6시간을 배웠다면, 4시간은 배운 내용을 스스로 익힌다는 것이다. 학기 초나 시험이 끝난 후에도 꾸준히 복습하는 시간을 가진 것이다. 문제적응 단계에서는 티칭 시간의 비율은 급격히 줄어들고, 시험준비 단계에서는 티칭과 러닝 시간의 비율이 1:9로 스스로 익히는 시간이 많아진 것을 알 수 있다.

다음은 성적 우수자의 3단계 학습에 대한 티칭과 러닝 시간의 비율이다.

구 분	개념학습 단계	문제적응 단계	시험준비 단계
Teaching : Learning 시간 비율	6 : 4	2 : 8	1 : 9

이와 같이 전체적인 티칭과 러닝 시간의 비율을 계산한다면 3:7의 비가 된다. 이는 중·고등학생에 해당되는 것으로 초등학생은 이해 능력이 다소 떨어지고, 러닝하는 방법이 미숙하기 때문에 티칭하는 시간이 다소 늘어난다.

또 학력 수준이 떨어지는 아이들은 개념학습을 하는 시기에 스스로 익히는 학습 과정을 제대로 거치지 않아 시간이 지나면 개념을 잊어버린다. 잊어버린 개념을 문제적응 단계와 시험준비 단계에서 다시 배우기 때문에, 러닝 시간이 줄어들게 되어 성적이 제대로 나오지 않게 되는 것이다.

배우는 시간보다는 익히는 시간이
2배 이상 되어야 한다

자기주도학습을 실현하기 위해서는 배우는 티칭도 중요하지만, 스스로 러닝하려는 마음가짐과 학습 시간이 더 중요하다. 즉, 학원이나 개인지도를 통해 배우는 시간을 늘리기보다는 스스로 익히는 시간을 더 많이 가져, 배우는 시간보다 스스로 익히는 시간이 2배 이상 되어야 한다.

성적은 운이 아니라 자신이 노력한 만큼만 주어진다는 사실을 깨달아야 한다. 주변에 공부는 하지 않으면서 우등생이 되는 상상을 하거나, 자신은 공부를 하지 않아도 낙제는 면할 것이라고 생각하는 아이가 있다면 지금부터라도 하나씩 실천하도록 유도하는 것이 중요하다.

05
공부 방법만 키우는 학습은 진정한 자기주도학습이 아니다

그렇다고 공부 스킬을 키우지 말라는 것은 아니다. 공부 스킬도 학습 효율성을 높이는 방법이기 때문에 반드시 필요한 과정이지만, 공부 스킬만 향상시킨다면 고등학교에서 낭패 보는 수가 생긴다는 것을 말하고 싶다.

일부 학원에서는 자기주도학습을 실시한다고 하면서 핵심 노트, 오답 노트 등을 작성하는 방법, 즉 공부하는 스킬(기술)을 가르치는 경우가 있다. 성적은 단순히 공부 스킬만으로 향상되는 것이 아니다.

대부분의 학부모들은 엉덩이가 무거워야 원하는 대학에 입학할 수 있다고 생각한다. 즉, 차분하게 책상에 앉아 오랫동안 공부할 수 있는 지구력이 있어야만 대학에 합격할 수 있다는 것이다.

대학 입시를 앞둔 고등학생은 대학을 가야겠다는 내적 동기를 가지고 밤늦게까지 열심히 공부한다. 대학을 가야한다는 내적 동기를 가진 아이들은 잠자는 시간 이외의 모든 시간을 공부에 투자한다.

만약, 동일한 성적을 가진 아이들이 내적 동기를 가지고, 같은 시간 동안 공부를 하였을 경우 어떤 아이가 원하는 성적을 거둘 수 있을까?

대입의 성패는 학습 효율성에 달려 있다

중3 여학생이 어머니와 함께 고등학교 입학을 앞둔 12월에 상담을 요청해 왔다.

"저는 시험 기간이 아닌 때에도 새벽 2~3시까지 교과서를 손이 놓지 않고 열심히 공부하는데 언니는 공부를 별로 하지 않는데도 성적이 좋아요."

전교 1등을 한 번도 놓쳐 보지 않았다는 고2 언니는 밤 12시까지만 공부하고 잠을 충분히 자는데도 성적은 항상 최상위권을 유지한다는 것이다.

"이해가 안 되는 부분은 몇 번을 읽으면서 이해하려고 노력하고, 이해가 안 되면 그냥 외워요."

중학교까지는 교과 내용을 이해하지 못할 경우, 암기 방식으로 학습을 진행하여 왔지만, 고등학교에서는 교과 이외의 내용들이 많이 나오기 때문에 걱정된다는 것이다. 이 아이가 걱정하는 것과 같이 고등학교에서는 어떤 친구가 학습에 대한 효율성이 더 많은가에 따라 학습 결과가 달라진다고 해도 과언이 아니다.

만약, 학습 내용을 1~2번 읽으면 중심 내용을 파악하고, 연계성을 논리적으로 구성하는 아이와 3~4번을 읽어야 내용 파악과 논리 구성을 할 수 있는 아이가 있다면 학습의 효율성은 두 배 정도 차이가 난다.

지문을 읽는 속도가 1.5배 빠르다면, 학습 효율성은 세 배 이상 차이가 나는 셈이다.

보통 책을 많이 읽지 않은 고등학생들은 1분에 600~800자를 읽는다. 이해도를 체크하기위해 지문에 대한 난이도를 높이기보다는 지문의 길이가 늘어나는 추세에서 최소한 1분에 1,200자 정도는 읽어야 한다. 많은 아이들이 수능의 언어 영역 시험을 본 후, 시간이 부족하다고 말하는 것은 지문 읽는 속도와 이해도가 낮기 때문이다.

학습 이해도가 높고, 빠르게 읽는 학습 효율성이 높은 아이가 3시간을 공부한다면, 학습 효율성이 없는 아이는 최소한 6시간을 공부하여야 할 것이다. 학습 효율성이 높은 아이는 잠을 충분히 자면서 짧은 시간에 공부하기 때문에 집중력도 높지만, 학습 효율성이 낮은 아이는 잠자는 시간을 줄여서 공부하여야 하고, 긴 시간 동안 공부하기 때문에 집중력도 떨어져 지치게 되어 학습 효율성이 더욱 감소하게 된다.

원하는 대학에 진학하기 위해서는 엉덩이가 무겁기만 해서는 안 되며, 엉덩이도 무거우면서 학습 효율성도 높아야 한다.

그렇다고 공부 스킬을 키우지 말라는 것은 아니다. 공부 스킬도 학습 효율성을 높이는 방법이기 때문에 반드시 필요한 과정이지만, 공부 스킬만 향상시킨다면 고등학교에서 낭패 보는 수가 생긴다는 것을 말하고 싶다.

자기주도학습 필수 요소를 가져야 할 시기

그리고 공부 스킬을 향상시키기 위해 너무 어린 나이부터 교육할 필요는 없다. 공부 스킬을 향상시키는 것은 짧은 시간으로 가능하며, 효과도 빠르다. 즉, 핵심 노트에 핵심 내용을 적고, 오답노트를 만들며 자주 틀리는 문제를 기억하고, 암기 카드를 통해 암기하여 공부한다면 몇 개월만 실행하여도 좋은 성적을 받을 수 있다.

만약, 어린 나이부터 이러한 방식으로 공부하였다면, 초등학교·중학교에서는 최상위권을 유지하는 우등생이 될 것이다. 그리고 자신의 성적에 대하여 만족하여 공부하는 힘을 키우기 위해 노력하지 않을지도 모른다.

공부하는 힘이 약하여, 학습 효율성이 낮은 아이들은 중학교까지 공부를 잘하다가 고등학교에 올라와서는 성적이 떨어지는 현상이 나타난다.

그렇다면 공부 스킬이나 공부하는 힘은 언제부터 키워야 하는가?

앞에서 자기주도학습을 실현하기 위한 4대 요소를 언급하였다.
공부하는 힘 보유, 학습 습관 형성, 학습 동기 부여, 공부 스킬 향상을 위한 시기는 다음과 같다.

공부하는 힘과 학습 습관은 1단계 유아 시절부터 시작하여 3단계 초등 4~6학년 시절까지 가지도록 한다. 이해력, 논리력, 비판력, 문제 해결력 등의 기초 학습 능력과 생각하는 습관은 공부하는 힘에 해당되는 것으로 학습 습관과 더불어 성격, 행동, 사고, 습관 등과 밀접한 관계를 가지고 있기 때문에 어릴 때부터 몸에 익혀야 한다. 중학교 이상의 나이에서는 이미 다른 습관을 가지고 있기 때문에 고치기 힘들게 된다.

학습 동기 부여는 3단계 초등 4~6학년 시절부터 경제 금전 교육, 자신감을 가지는 리더십 교육, 직업 탐구 등을 서서히 시작하여, 4단계 중학 시절에는 본격적인 학습 동기 프로그램을 통해 진로선택을 마쳐야 한다.

공부 스킬 향상은 중학교 1학년 초반부터 본격적으로 익혀, 고등학생이 되어서는 자신만의 공부법을 가지고 있어야 한다.

학습기에서 각 단계별로 반드시 익히고 준비하여야 하는 과정을 놓친다면, 다음 단계에서 보완하기에는 시간적인 여유가 없다. 만약, 중학생이 되어 이해력이 떨어진다고 독서에 치중할 수 없지 않은가? 눈앞에 보이는 성적 때문에 뒤돌아 볼 시간적인 여유가 없기 때문이다.

06

초등학교와 중·고등학교는 평가 방법이 다르다

초등학교에서는 우뇌 교육과 평가가 이루어지고, 중고등학교에서는 좌뇌 교육과 평가가 이루어진다. 이러한 현실에서 아이들은 우뇌와 좌뇌가 골고루 발달된 통합적 두뇌를 가지는 것이 가장 이상적이다.

매년 5월 중순 정도가 되면 중1학년 학부모들의 상담 대부분이 "초등학교 때는 공부를 잘 했는데, 중학교에 들어가서 성적이 떨어져서 실망을 많이 했어요. 성적이 제대로 나오지 않는 이유가 무엇인가요?"

이러한 질문을 받았을 때, 필자는 부모들에게 초등학교와 중학교와의 다른 점을 다음과 같이 설명한다.

초등학교 vs 중·고등학교

첫째, 교육하는 방식이 다르다.

초등학교 교육은 주로 우뇌 교육 형태이고, 중학교는 주로 좌뇌 교육 형태이다. 초등학교 교과서는 이미지 위주로 구성되어 있으며,

교육과정은 시청각 교재를 이용하여 전체적인 개념을 이해시키려는 창의성 교육에 중점을 두고 있다.

수행 평가나 조별 모둠 활동에서 발표를 잘하는 아이들과 성격적으로 활발하고 적극적이면서 사회성이 우수한 아이들이 눈에 띄며 똑똑해 보인다. 그런 관계로 우뇌가 발달한 아이들이 똑똑해 보이는 경우가 많다.

반면, 중학교에서는 교과 과목이 늘어나면서 교과서는 많은 글로 구성되어 있고, 노트 필기도 많아지며, 내용을 이해하고 분석하여 암기해야 하는 것들이 많이 나타난다. 말만 잘하기 보다는 조리 있고 논리적으로 행동하는 반듯한 청소년기의 자세가 요구된다.

둘째, 평가 방식이 다르다.

초등학교는 주로 절대 평가를 하지만, 중학교는 상대 평가를 한다. 초등학교의 평가 방식에 있어, 상대 평가 보다는 절대 평가 위주로 평가한다. 일반적으로 금상은 1명, 은상은 1명, 동상은 2명과 같이 실력에 따라 순위를 정하는 것이 상대 평가이다.

하지만, 초등학교에서는 인원 수와 상관없이 100점이면 금상, 95점이면 은상, 90점이면 동상인 절대 평가를 하고 있다. 절대 평가를 하기 때문에 아이들에게 자신감을 심어준다는 이유로 시험의 난이도를 그다지 높지 않게 출제된다.

경시 대회뿐만 아니라 중간고사나 기말고사에서도 시험 문제의 출제는 단순 암기력이나 단답형 주관식 문제를 통해 전체적인 개념과 암기력이 있으면 좋은 점수를 받는다. 더불어 부모의 학교에 대한 관심도에 따라 아이도 자신감을 갖기도 하며, 교사의 평가도 다소 달라지는 경우도 있다.

중학교에서는 가장 좋은 점수를 받은 아이가 1등이고, 가장 낮은 점수를 받은 아이가 꼴찌를 받는 상대 평가를 한다. 또 시험에서도 적당히 공부해서는 절대적으로 높은 점수가 나올 수 없다. 원리는 물론이고 각 부분의 연계성 등에 대하여 세심하게 공부하지 않으면 점수가 나오지 않는다.

이해력을 가지고 전체를 파악한 후, 핵심 내용을 파악하고, 각 부분 또는 연계성을 가진 상관관계를 논리적으로 파악하여야 한다. 심도 있는 문제는 집중력을 통해 문제를 해결할 수 있는 문제 해결력이 필요하다. 또 서술형 문제에서는 과정을 논리적으로 표현할 수 있는 논리 표현력이 요구된다.

이러한 초등학교와 중학교의 교육과 평가 방식이 차이가 나기 때문에 이해력, 분석력, 논리력, 문제 해결력 등의 능력이 부족하거나, 우뇌가 좌뇌보다 더 발달된 아이들은 중학교에 진학한 후 성적 하락 현상이 나타나게 된다.

학습 습관과 생활 습관이 중요하다

이와 같이 교육하는 방식과 평가 방식이 다르지만, 성적에서 가장 중요한 것은 학습 습관과 생활 습관이 형성되어 있는가에 따라 다르게 나타나는 것이다.

중학생이 되면, 공부하는 시간이 상대적으로 많이 요구된다. 진지하고 꾸준히 공부할 수 있는 학습 습관과 변화된 환경을 극복할 수 있는 독립심과 의지력을 가지게 하는 생활 습관이 있으면 쉽게 적응할 수 있다.

중학교 때까지 공부를 잘하다가 고등학교에 올라와서 원하는 성적이 나오지 않거나, 공부하는데 힘들어하는 이유가 학습 효율성이 낮기 때문이라고 하였지만, 다른 측면에서 보면,

고등학교에서는 더 심도 있는 좌뇌 교육과 좌뇌 평가 방식을 진행하기 때문이다. 중학교에서는 교과서 내용 위주로 평가하고, 고등학교는 시사성 등 전반적인 사회 이슈와 폭넓고 깊이 있는 배경 지식을 평가한다. 습득한 학습 정보와 다양한 배경 지식을 정리하고, 논리적으로 자신의 주장을 펼칠 수 있는 좌뇌 능력이 더 많이 요구되는 것이다.

이상적인 것은 통합적 두뇌

초등학교에서는 우뇌 교육과 평가가 이루어지고, 중·고등학교에서는 좌뇌 교육과 평가가 이루어진다. 이러한 현실에서 아이들은 우뇌와 좌뇌가 골고루 발달된 통합적 두뇌를 가지는 것이 가장 이상

적이다.

　우리들의 두뇌는 유전적인 요인으로 우뇌와 좌뇌 중에서 어느 한쪽이 더 발달한 상태로 태어난다. 성장하면서 가정환경, 생활 습관, 학습 습관, 사고 습관 등으로 우뇌형 또는 좌뇌형이 될 수 있고, 통합적 두뇌를 가진 아이가 될 수 있다.

　우뇌형이나 좌뇌형이 통합적 두뇌를 가진 아이가 되기 위해서는 여러 측면에서 다양한 생각을 가질 수 있는 다면 사고 능력 향상과 나쁜 습관을 스스로 고쳐야겠다는 적극적인 마음과 행동이 필요하다.

07
SKY 대학이 목표라면 다면 사고력을 키워라

최근 연세대 등에서 대학 교육의 목표는 종합적 사고 능력 함양이기 때문에 대학 입시에서도 학생들이 가진 다양한 지적 능력을 검증하기 위하여 종합적 사고 능력을 측정하기 위한 다면 사고형 논술 문제를 출제하였다.

다면 사고력이라는 단어를 보편적으로 사용한 지가 불과 몇 년밖에 되지 않았다. 다면 사고력은 '어떠한 상황이나 주제에 대하여 여러 측면으로 생각하고, 객관적 논리성을 가지고 다양한 생각을 도출해 내는 것'이라고 할 수 있다. 즉, 다면 사고력은 획일적인 생각에서 벗어나 다양한 창의적 생각을 이끌어 낼 수 있는 종합적 사고 능력이라고 할 수 있다.

몇 년 전부터 대학 입시 논술은 고전이나 신문 기사에서 발취한 내용에서 교과 범위의 제시 문장을 통해 이해력과 논리적 사고력을 측정하는 교과 통합형 논술로 변모하였다. 교과 통합형 논술은 '학교 교과 과정을 얼마만큼 충실히 수행하였는가?', '권장 도서나 신문 등 폭넓은 독서를 통해 자신의 생각을 논리적으로 표현할 수 있는가?', '교과서의 개념들과 사회적, 과학적 현상들과의 연계 관계는 어떠한가?' 등으로 학습 능력을 평가한다.

그러나 최근 연세대 등에서 대학 교육의 목표는 종합적 사고 능력 함양이기 때문에 대학 입시에서도 학생들이 가진 다양한 지적 능력을 검증하기 위하여 종합적 사고 능력을 측정하기 위한 다면 사고형 논술 문제를 출제하였다.

다면 사고력이 대세이다

2009학년도 논술 기출 문제를 보면, 도표, 그림, 통계 등 다양한 자료를 제시문으로 활용하였다. 도표가 제시된 유형의 문제에서 느낄 수 있는 전체적인 느낌만으로 결론을 내고 이를 제시문과 연결하는 것이 일반적인 답일 것이다. 그러나 하나의 현상을 다면적으로 바라보는 다면 사고력을 측정하고자 하는 출제 목적으로 하나의 답이 나올 수 있는 문제보다는 다양한 답을 유도하여 아이들의 창의적 사고력을 검증하기 위함이다.

하나의 도표이지만 얼마나 많은 의미를 도출해낼 수 있는가?하는 문제는 하나를 보면 한 가지만을 생각하는 사람은 창의적 사고가 빈약할 것이고, 하나를 보면 여러 가지를 생각하는 사람은 창의적 사고를 하고 있는 사람일 것이다.

이 같은 평가를 위해 글을 분석하는 문제보다는 도표와 통계 자료

등을 통한 해석 문제를 선택하였다. 도표와 통계 자료는 객관적이고 과학적이면서 논리적인 분석이 중요하다. 따라서 관련 자료를 완전히 이해할 수 있는 이해력, 문제점을 찾을 수 있는 비판력, 사회·과학적 현상과 연계하여 비교·분석하는 논리력과 문제 해결력 등 다양한 관점에서 서술되어야 한다.

다면 사고력을 검증하기 위한 입시 방식은 연세대뿐만 아니라, 외고 입학 학업 적성 검사에서도 나타나고 있다. 또 다면 사고력을 측정하는 적성 검사만으로 입학시험을 치르는 일부 대학도 있다. 이는

단순한 성적 위주의 선발에서 벗어나 아이들의 적성과 능력을 검증하기에 좋은 평가 방식으로 평가받고 있기 때문에 앞으로도 이런 학교가 계속 증가할 것으로 보인다.

이와 같은 평가 방식의 변화는 어디서 나오는 것일까?

지하 자원이 부족한 우리나라는 훌륭한 인적 자원만으로 경제대국을 이루었다고 해도 과언은 아니다. 다른 나라와의 경쟁에서 이길 수 있는 것은 다양한 사고를 할 수 있는 창의력을 바탕으로 경쟁력 있는 새로운 제품을 개발하는 것이다.

이러한 사회적 욕구를 충족하기 위하여 대학은 기업이나 사회에서 요구하는 인재들을 육성하여 배출하여야 명문 대학으로 성장할 수 있다. 학과 지식이 조금 부족하더라도, 다양한 사고를 가진 창의력을 갖춘 사람이 더 가능성이 있고, 경쟁력이 있기 때문이다.

다면 사고력을 향상하는 방법 세 가지

사회적으로 요구되는 다면 사고 능력을 향상하기 위해서는 어휘력, 이해력, 분석력, 논리력, 추리력, 비판력, 창의력, 문제 해결력, 공간 지각력, 표현력, 집중력, 기억력 등 다양한 사고 능력이 필요하다. 그렇다면 복잡하고, 많은 시간이 소요되는 다면 사고 능력을 어떻게 향상시킬 수 있는가?

첫째, 의도적 두뇌의 활성화이다.

우리 일상생활을 보면 같은 일들의 반복이 연속적으로 이루어진다. 단순한 업무를 취급하는 성인들의 경우 오늘 한 일과 내일 할 일들이 거의 유사한 것들이 많다. 전업 주부의 하루 일과를 보면, 아침에 일어나 식사 준비를 하고, 남편 출근 시키고, 아이들 학교 보낸다. 집안 청소를 한 후, 자신만의 시간을 몇 시간 보내고, 아이들이 돌아오면 공부를 봐 주고, 저녁 준비를 무엇을 할까 고민하고…….

우리 두뇌는 복잡하고 영역에 따라 담당하는 다양한 기능이 주어져 있지만, 매일 하는 일이 비슷하기 때문에 사용하는 두뇌의 영역만 계속 사용하게 된다. 사용하는 두뇌의 영역만 사용한다면 다면 사고력은 향상되지 않는다. 잘 사용하지 않는 두뇌의 영역을 의도적으로 사용할 필요가 있다.

배우는 과정에 있는 아이들은 성인보다 머릿속에 다양한 학습 정보를 입력하기 때문에 두뇌 활성화를 할 수 있는 좋은 조건을 갖추고 있지만, 실생활과 관련이 없어 보이는 교과서나 책을 통한 내용만 접하다보면 편협한 정보만 받아들이기도 한다. 스스로 다양한 문제를 접하면서 사용하지 않는 두뇌의 영역을 사용하겠다는 자신의 의지와 교육이 필요하다.

교육은 논리적이고 합리적인 사고 담당인 좌뇌와 직관적이면서 창의적인 사고를 담당하는 우뇌를 균형 있게 발달시켜 통합적인 뇌 구조로 만들 수 있다.

둘째, 다양한 장르의 독서가 필요하다.

어떠한 상황이 발생하였을 때, 이를 해결하기 위하여 많은 생각을 하게 된다. 여러 생각을 하게 만드는 것들은 어디서 나오는 것일까? 바로 경험과 지식을 바탕으로 여러 가지 생각을 하게 된다.

경험은 직접적인 경험과 간접적인 경험으로 나뉜다. 모든 일들을 직접 경험해 보는 것이 좋으나, 많은 시간이 소요되기 때문에, 다른 사람들의 경험과 지식의 집합체인 책을 통해 얻어진다. 책을 읽지 않은 사람은 단순한 사고를 가지고, 책을 많이 읽은 사람은 다양한 사고를 가진다는 누구나 알고 있는 사실이다. 다양한 장르의 많은 독서에서 얻어진 정보로 머릿속에서 브레인스토밍을 하면서 다양한 사고를 유도할 수 있다.

셋째, 모든 일에 의문을 가지자.

학습 내용은 물론이고, 길을 걷다가 새로운 물건을 보면 '무엇에 필요한 물건이지?', '어떤 원리를 이용하여 만들었을까?', '어떤 사람들에게 좋은 물건인가?' 등을 생각해 보고, 모르면 부모에게 물어 보는 적극적인 생각을 가지자. 이러한 적극적인 생각을 가지는 것은 두뇌를 활성화시키는 데 많은 도움이 된다.

08

공부해야 하는 이유를 체험하게 하라

학습 내용을 하나 더 가르쳐 몇 점을 더 받는 것보다, 느끼는 교육이 더 중요하다. 아이가 느낌을 가진다면 나중에 더 많은 학습 내용을 스스로 얻으려고 노력하고, 꿈을 가지는데 많은 도움이 될 것이다.

현대 사회가 대가족에서 핵가족으로 변모하면서, 나의 남편과 아내, 나의 자식, 우리 식구만 생각하는 경향이 많아졌다. 그리고 다른 사람들에게 피해를 주지 않으면서, 나만 편하면 되고 우리 식구만 잘 살면 되고, 나의 자식만 교육을 잘 시키면 된다는 사고와 행동이 만연하고 있다.

사고의 확산은 성취욕을 가지게 한다

'나의 자식만 교육을 잘 시키면 된다.'는 생각에서 '남의 자식에게 지면 안 된다.'식으로 변질된 자식 사랑은 이기주의적 사고를 가진 아이를 만들고 있다. 이기적인 사고를 가진 아이는 자신만을 알고, 자신만의 이익을 추구하기 때문에 사고의 편협으로 폭넓은 사고를 가지지 못한다.

공부하려는 마음은 누가 시켜서 가지는 마음이 아니고, 아이 스스로가 성취하려는 욕구에 의해 자연스럽게 가져야 한다. 성취하려는 욕구를 가지려면 먼저, 사고의 확산이 있어야 한다. 자신만을 생각하는 마음에서 부모와 형제를 생각하고, 사회적 구조를 알면서, 미래에서의 자신의 역할을 생각하게 된다.

학습 동기 프로그램은 사고의 확산을 통해 '나는 누구인가?', '나는 미래에 어떤 모습으로 생활할 것인가?' 등 다양한 생각을 통해 스스로 결론을 지어가는 과정이다.

미래에 대한 설계를 통해 마음을 움직이는 교육을 하려면 전달식 교육이나 주입식 교육으로는 성공을 약속할 수 없다. 그러한 이유로 집단이나 개인 상담 동기 부여 프로그램에서 실패하는 경우가 많이 발생한다. 마음을 움직이는 교육은 경우의 수가 많아, 많은 시간이 소요되며, 모든 아이들의 성공을 기대할 수는 없다. 아이들의 생활환경, 생각 및 습관 등이 각기 다르기 때문이다.

성공률을 높이기 위하여, 가장 좋은 학습 동기 부여 프로그램은 아이가 직접 몸과 마음으로 느끼게 하는 교육이다. 가르치는 것보다 다양한 것들을 직접 체험하거나, 관찰함으로서 사고의 확산을 통해 아이들이 스스로 공부하는 이유를 찾도록 하는 것이 효과적이다.

체험 교육 방법 네 가지

아이들이 직접 체험을 통해 느끼는 교육은 어떠한 것들이 있는지 알아보자.

첫째, 부모님의 사랑과 가족의 소중함을 느끼게 하라.
동기 부여, 자아 발견 과정에서 자신의 장단점을 찾고, 부모와 형제들을 생각하면서 가족에 대한 소중함을 알도록 한다. 자식은 부모에게서 무조건 사랑을 받아야 한다는 생각에서 자식도 부모에게 사랑을 주어야 하며, 부모가 자식에게 바라는 것이 무엇인가를 생각하게 한다. 공부뿐만 아니라, 올바른 행동과 생각을 가지도록 유도한다.

고아원과 양노원의 봉사 활동을 통해 부모와 가족의 소중함을 느끼게 한다. 가족과 함께 동호회에 가입하여 주기적으로 활동하게 하는 것도 마음이 따뜻한 사람들을 많이 만날 수 있어 좋다.

둘째, 봉사 활동으로 나보다 어려운 사람들이 있다는 것을 인지시켜라.
중1학년 여학생이 초등학교 5학년부터 시각 장애인에게 1주일에 1번씩 책을 읽어주는 봉사 활동을 하는 것을 보았다. 2살 어린 시각 장애인은 책을 읽고 싶어도 마음대로 읽지 못하는 어려움이 있었으나, 언니가 매주 방문하여 책을 읽어주어 너무나 고마워한다고 한다.

처음에는 중학생이 되면 공부하기 바빠서 초등학교 6학년까지만

하려고 하였으나, 너무 정이 들어서 계속하고 있으며, 자신도 책을 많이 읽게 되어 좋다고 한다. 어려운 사람에게 도움을 주는 봉사 활동은 자신을 사랑하는 자존감이 향상되며, 겸손한 자세로 남을 배려하는 마음이 생긴다. 이러한 봉사 활동은 각 동에 있는 주민 센터에 문의하면 원하는 활동을 할 수 있도록 추천해 줄 것이다.

셋째, 다양한 직업군의 사람들을 만나게 하라.

진로 탐색에 있어 직업 탐구는 필수적이다. 직업에 대한 조사를 해오라고 하면 인터넷이나 부모에게 물어봐 일반적인 내용만 적어온다. 이러한 내용은 진로 탐색에서 진정한 도움은 되지 않는다. 실제 그 직업에 종사하고 있는 사람들을 만나 다음과 같은 것을 조사하게 하라.

- 직업 명칭, 어떤 특기(기술)가 있어야 하는가? • 몇 년간 종사하였는가? • 이 직업에 대하여 좋은 점은 무엇인가? • 이 직업에 대하여 나쁜 점은 무엇인가? • 이 직업을 가지기 위해 어떤 노력을 하였는가? • 이 직업에 대하여 어느 정도 만족하는가? • 어떤 전공을 하였는가? • 학교 다닐 때 꿈은 무엇이었는가? • 한 달 수입은 어느 정도인가?'

조사서를 통해 각기 다른 직업에 종사하는 많은 사람들을 만날 수 있다. 이렇게 만든 내용들은 아이들에게 직업에 대하여 많은 생각과 현실감 있는 지식을 습득할 수 있게 한다.

개인적으로 하기보다는 2~3명의 친구들이 모여 가까운 곳이 사는 친척집 방문과 동네 주변에 있는 의사, 간호사, 약사, 제빵사, 주방장, 의류 판매원, 교사, 공무원, 환경 미화원, 공인 중개사, 상인, 변호사, 미용사, 택시기사, 경비원, 경찰관, 은행원 등 다양한 직업을 가진 사람들을 만나는 것이 좋다.

"저희는 ○○초등학교 5학년입니다. 직업 탐구를 하고 있는데, 시간 좀 내주십시오." 하면서 조사서에 대한 내용을 물어본다면 거절하지 않을 것이다.

넷째, 각종 지역 행사에 참여시켜라.

학교, 도서관, 지방 자치 단체 및 여러 단체에서 걷기대회, 국토순례, 독서 교육, 공예 교육, 각종 체험 학습, 문화 역사 탐방 등 많은 행사를 실시한다. 이 같은 행사는 주체 측에서 짧은 시간 내에 많은 지식을 알리기 위해 짜임새 있게 진행된다. 오감을 통한 지식 습득은 오랫동안 기억에 남으며, 다면 사고력 향상에 많은 도움이 된다.

봉사 활동이나 행사에 참여한 후에는 반드시 체험(참여 또는 활동) 일지를 쓰도록 한다. 내용이나 과정을 적은 후, 자신의 느낀 점들을 적도록 한다. 이 같은 체험은 3단계 초등 4~6학년 때 실시하는 것이 좋다. 학습 내용을 하나 더 가르쳐, 몇 점을 더 받는 것보다, 느끼는 교육이 더 중요하다. 아이가 느낌을 가진다면 나중에 더 많은 학습 내용을 스스로 얻으려고 노력하고, 꿈을 가지는데 많은 도움이 될 것이다.

온·오프라인 공부법, '블렌디드 학습'을 실현하라

온오프 블렌디드 학습은 오프라인의 단점을 보완한 온라인 교육과의 결합으로, 자기주도학습을 실현하기 위한 중요한 학습 방법이며, 학습 도구이다.

블렌디드 학습(On-Off Blended Learning)이란 학습 성과를 향상시키기 위하여 온라인 교육과 오프라인 교육을 결합시키는 학습 방법을 말한다.

Singh & Reed(2001)은 블렌디드 학습을 '적절한 시간에, 적절한 사람들을, 적합한 개인 스타일에 맞추어, 그에 적합한 학습 방법들을 적용하여 학습 목표에 도달하는 것'이라고 정의하였으며, 다음과 같은 다양한 차원에서 통합이 이루어져야 한다고 하였다.

첫째, 학습 공간과의 통합

단순한 차원에서 본 오프라인과 온라인 학습 형태의 결합 또는 전통적인 교실 수업인 오프라인의 수업 형태와 인터넷을 활용한 수업 형태의 통합을 의미한다.

둘째, 학습 형태의 통합

자기주도학습과 협력 학습의 통합으로 학습자 혼자 스스로 계획하고 통제하고 관리하는 자기주도학습과 적극적인 의사소통으로 많은 사람들과의 학습 지식을 공유할 수 있는 협력 학습과의 결합을 의미한다.

국내외 많은 교육 전문가들의 이론들을 정리하면, 온오프 블렌디드 학습은 '학습자의 자기주도학습 능력을 신장하고, 학습의 효율성을 높이기 위하여 전통적 학습 방식인 오프라인 학습과 온라인 학습에서 제공하는 교수(Teaching, 강의식 수업)와 학습 관리(학습 Managing, Coaching) 등의 학습 활동을 결합하여 학습자에게 학습자의 능력에 맞는 맞춤형 학습을 제공하는 학습자 중심의 학습 전략'이라고 정의할 수 있다.

오프라인 교육의 문제점 네 가지

전통적인 학습 방식인 오프라인 교육은 아이들의 개개인의 능력과 성격 등은 감안하지 않고 일반적인 학력 수준과 일방적인 지식 전달 방식으로 수업을 진행한다. 오프라인 교육은 많은 장점을 가지고 있지만, 다음과 같은 문제점들을 가지고 있다.

첫째, 학력 수준의 격차를 극복하기 어렵다.

일반적인 학력 수준으로 수업을 진행하였을 경우, 학원에서 몇 번에 걸쳐 선행학습을 한 아이들은 너무 쉬워서 배울 것이 없다고 잠을 자거나 다른 책을 보는 아이가 있는 반면, 처음 배우는 아이들은 자세하게 가르쳐 주기를 내심 바라고 있다. 그런 상황에서 교사들은 학습 난이도를 어떻게 잡아야 하는지 답답한 노릇이다.

그러한 문제점을 극복하기 위하여 과목별, 수준별 이동 학습을 실시한다고 하지만 이 또한 정착하려면 세분화된 수준별 나눔, 수준이 변경될 경우의 진도 문제, 아이들의 심리적 위축감 및 갈등 등 많은 문제점이 내포되어 있어 많은 시행착오를 겪어야 할 것이다.

둘째, 아이들 특성에 맞는 수업이 어렵다.

우뇌형과 좌뇌형이 학습 내용을 받아들이는 특성은 각기 다르다. 우뇌가 발달된 아이는 결론을 먼저 듣고 싶어 하고, 빠르게 진행하면서, 이미지를 이용한 수업이 효율적이다. 결론을 통해 자신이 생각하는 것과 연계시켜 이해하려고 하기 때문에, 처음부터 과정을 상세히 설명하면 답답함을 느껴 수업의 집중도가 떨어진다.

반면, 좌뇌가 발달된 아이는 과정을 중요시하고, 천천히 진행하기를 원하며, 글이나 수를 이용한 수업에서 이해도가 높다. 과정을 통해 자신이 내린 결론과 연계시켜 이해하기 때문에, 과정의 설명 없이 결론을 먼저 설명하면 혼란스러움을 느낀다.

우뇌가 발달된 아이는 좌뇌를 발달시키기 위해 쓰기와 수를 이용한 추리 논리 교육 등을 하여야 하고, 좌뇌가 발달된 아이는 말하기와 도형을 이용한 공간지각 능력을 키워야 하는 교육이 필요하다. 아직까지 아이들이 우뇌형인지, 좌뇌형인지도 파악하지도 못한 현실에서 그의 특성에 맞는 교육이 어렵다.

셋째, 아이들 성격에 맞는 수업이 어렵다.

아이들의 성격은 두뇌의 발달 정도, 혈액형 및 가정환경 등의 영향으로 다양하게 나타난다. 혈액형에 따른 성격과 이에 맞는 학습 방법을 살펴보자. 꼼꼼하고 성실한 성격을 가진 A형은 학습 환경이 잘 정돈된 곳에서 예쁜 색깔 펜을 이용하여 노트 정리를 잘하여야 머릿속에 잘 들어오고, 모르는 것이 있으면 다음 단계를 넘어가지 못하는 성격으로 혼자서 조용히 연습장에 쓰면서 공부하는 것을 좋아한다. 능률이 오르는 공부 시간은 낮 시간이다.

새로운 것에 대한 호기심이 강한 B형은 집중력이 높고, 학습 정보 분석력이 뛰어나지만 끈기가 없어 쉽게 싫증을 잘 낸다. 학습 환경이 약간 흐트러진 것을 좋아하며, 도전 정신이 강하기 때문에 공부 잘하는 아이와 승부욕을 불러일으키는 자극이 필요하다. 능률이 오르는 공부 시간은 새벽부터 오전과 밤 시간이다

현실적으로 행동하며 분별력이 뛰어나고 결단력이 있는 O형은 그날에 배운 학습 내용을 완전하게 소화시키는 복습과 친구들과 스터디 그룹 학습 및 브리핑 학습이 효율적이다. 또 칭찬받는 것을 좋아하므로 능력을 인정해 주는 많은 칭찬과 관심이 필요하다. 능률이

오르는 공부 시간은 밤부터 새벽까지이다.

두뇌가 명석한 AB형은 빈틈이 없고 합리적인 성격으로 모범생 기질이 있으나, 인내심이 부족한 단점이 있다. 공부해야 한다는 강박관념에서 벗어나, 친구들과 질문과 답을 하는 형식의 즐기면서 하는 공부법이 효과적이다. 성격에 맞는 효율적인 학습 방법이나 집중이 잘되는 학습시간이 각기 다르지만, 이에 맞는 수업 방식을 일일이 제공할 수는 없다.

넷째, 심층 상담이 곤란하다.

성장기에 있는 아이들은 많은 고민을 하면서 생활하고 있다. 친구 간의 고민, 이성 간의 고민, 부모 형제간의 고민, 진로에 대한 고민 등을 가지고 있다. 이것들은 학습 진행에 있어 걸림돌이 될 수 있고, 활력소도 될 수 있다. 하지만 얼굴을 맞대고 공부하는 면대면 오프라인 교육에 있어 자신의 마음을 솔직하게 터놓고 하는 심층 상담을 망설여질 수밖에 없다.

온라인 교육을 통해 오프라인 교육의 문제점을 보완하라

온라인 교육에서도 단점이 많이 있지만, 장점을 보자면 자신에 맞는 학습 수준을 선택하여 반복적으로 공부할 수 있고, 동영상의 속도를 조절하면서 자신의 특성에 맞는 학습을 실행할 수 있다. 또한 자신에 맞는 학습 환경을 조성하고, 능률이 오르는 학습 시간을 선택할 수 있다. 면대면의 상담이 아니기 때문에 자신의 마음을 솔직하게 상담할 수 있어 심층학습이 가능하다.

온·오프 블렌디드 학습은 오프라인의 단점을 보완한 온라인 교육과의 결합으로, 자기주도학습을 실현하기 위한 중요한 학습 방법이며, 학습 도구이다.

자기주도학습을 완성하는 부모의 역할 여덟 가지

초등학교에서 하여야 할 것들, 중학교에서 하여야 할 것들을 하지 않는다면 초등학교나 중학교에서의 좋은 성적이 고등학교까지 좋은 성적으로 유지된다는 보장은 없다. 준비된 상태라면 성적은 자동적으로 향상된다는 확신을 가져야 한다.

자녀 지도를 위한 부모의 역할에 대하여는 좋은 말이 많이 있으나, 여기에서는 자기주도학습을 실현하기 위한 부모의 마음 자세를 언급하겠다.

부모의 역할은 무엇인가?

① 당장 앞에 있는 것에 연연하지 말자.

모든 부모는 자녀가 학습기에서 좋은 성적을 가지길 바라고 있다. 학습기의 초반인 초등학교부터 성적에 많은 관심을 가지며, 아이에게 성적에 대하여 스트레스를 주거나, 학원이나 과외에 많은 시간을 소비한다. 앞에서 언급하였듯이, 초등학교에서 하여야 할 것들, 중학교에서 하여야 할 것들을 하지 않는다면 초등학교나 중학교에서의 좋은 성적이 고등학교까지 좋은 성적으로 유지된다는 보장은 없다.

초등학교나 중학교의 성적보다는 반드시 준비되어져야 할 것들을 차분하게 준비하는 것이 더 중요하며, 준비된 상태라면 성적은 자동적으로 향상된다는 확신을 가져야 한다.

② **성적에 느긋한 마음을 갖자.**

학원을 보내도 성적이 정체되었거나, 오르지 않는다면 학원을 그만두어야 한다고 하였다. 아무런 대책 없이 그만두는 것이 아니라, 아이와 충분한 상담을 통해, 스스로 학습할 수 있는 방법을 찾아주면서 지속적인 관심을 가져야 한다.

학원을 다니지 않거나, 공부하는 방식이 바뀌면 성적이 떨어지는 현상이 나타날 수 있다. 이 같은 현상은 자신만의 공부 방식을 정착하기 전에 나타나는 일시적인 현상이므로 할 수 있다는 확신을 가지고 느긋한 마음을 가져야 한다.

③ **부모의 긍정적인 언행이 중요하다.**

자신감이 없는 사람은 말로는 어떤 것이든 다 할 것처럼 이야기하지만, 막상 실행하려고 할 때에는 머뭇거린다. '할 수 있을까?'라는 부정적으로 생각하는 사람과 '할 수 있어.'라는 긍정적으로 생각하는 사람과는 시작 단계에서의 행동과 성공률에서 차이가 많다.

아이가 새로운 방식의 학습을 진행하거나 또는 나쁜 결과에 대하여도 "아빠는 네가 혼자서 해낸 것을 자랑스럽게 생각한단다.", "좀 힘들겠지만, 처음부터 욕심내지 말고 천천히 해 보자."와 같은 긍정적인 언어로 아이에게 자신감을 주어야 한다.

④ 실천할 수 있는 학습 스케줄을 작성할 수 있도록 도와주어라.

학습 스케줄을 처음 작성해 보거나, 잘 작성하지 못하는 경우에는 부모의 도움이 필요하다. 부모가 도와주지 않는다면 우왕좌왕하면서 시작하기 전부터 자신감을 상실하는 경우가 있다.

아이의 능력에 맞도록, 욕심내지 말고 실천할 수 있는 학습 범위와 시간 내에서 짜도록 한다. 작은 것부터 실천하였다는 기쁨을 가져 자신감을 가지도록 하고, 조금씩 학습 시간을 늘리도록 한다.

⑤ 충분한 대화를 통해 문제점을 발견하라.

자기주도학습을 실현하기 위해서는 많은 문제점이 나타날 수 있다. 모르는 문제가 나왔을 때 해결하는 방법, 계획한 학습 시간을 못 맞추는 경우, 책상 앞에 오래 앉아 있지 못하는 경우 등 여러 문제점들이 나타날 수 있다. 아이가 못한다고 아이에게 다그치면 흥미를 잃어버릴 수 있다. 세심한 관찰을 통해 발견된 문제점은 충분한 대화를 통해 해결 방안을 제시하여야 한다.

⑥ 훌륭한 코치가 되어야 한다.

자녀들을 무조건 가부장적 권위만을 앞세워 강압적으로 지도하려는 부모는 아이와의 대화를 스스로 막는 꼴이 된다. 아이의 부족한 것을 모두 고쳐주겠다고 마음먹은 부모가 있다면, 물론 원하는 대로 고쳐지지도 않을뿐더러, 반발로 인하여 또 다른 문제점이 생길 수도 있다. 시간과 기회를 주면 아이들은 스스로 가장 현명한 판단을 내릴 수 있다.

⑦ 부모는 가장 훌륭한 교육자이다.

학습기에서의 공부가 독립기 이후에 미치는 영향이 크고 중요하지만, 공부만을 중요시하며 공부 이외의 교육을 포기하면 안 된다. 비록 공부를 잘하여 원하는 대학에 입학하고, 좋은 직업을 가져 성공한 자녀로 만들었더라도, 스스로 잘나서 성공하였다는 생각에 부모를 무시하는 현상이 나타날 수 있다.

자녀들의 습관이나 성격을 가장 잘 알고 있는 사람은 부모이다. 온종일 타이트한 스케줄로 학원을 보내면서 부모와 대화할 시간조차도 가지지 못한다면, 부모는 자녀교육에 대하여 뒷짐을 짓는 꼴이다. 아이들의 교육에서 책임지고 주도적 역할을 할 사람은 부모이고, 나머지 모든 것들은 보조적 수단에 불과하다.

⑧ 눈높이를 낮추어 믿어주는 자세가 필요하다.

어린 아이가 하는 행동은 어설프며 치밀하지 못하기 때문에 부모의 마음에 들지 않는 경우가 많다. 현재 아이가 하는 행동이 최선을 다했거나 능력이 그 정도인데도 불구하고, 부모가 지적을 하면, 아이는 자신감이 떨어져 스스로 아무 것도 할 수 없는 존재가 될 것이다.

눈높이를 아이에게 맞추면, 아이의 행동이 당연한 것이라는 것을 알 수 있다. 어설프고 치밀하지 못한 행동은 성장하는 과정에서 나타나는 당연한 현상이므로 아이를 믿어주는 자세가 필요하다.

3부
7살 습관이 아이의 미래를 결정한다

01

자기주도학습은
아이의 포트폴리오를 만드는 것

대학 입시를 코앞에 둔 고등학생에게 공부하는 힘을 키우기 위해 독서에 열중하라고 한다면 효율성이 있겠는가? 또 초등학생에게 학습 동기를 부여하기 위해 공부하는 이유를 장황하게 설명하거나, 공부 스킬을 가르쳐준다면 효과가 있겠는가?

필자는 앞에서 자기주도학습을 실현하기 위한 4대 요소는 공부하는 힘의 보유, 학습 습관 형성, 학습 동기 부여, 효율적 학습을 위한 공부 스킬 향상이라고 언급하였다.

외국의 명문 대학에 입학한 학생들의 공부 성공담 속에는 반드시 공부 스킬에 대한 이야기가 담겨 있다. 당연히 자신이 실행하였던 방법이고, 이 방법으로 좋은 성과를 내었기 때문에 훌륭한 학습 방법임에 틀림없고, 학습 효율성 또한 대단히 높다고 할 수 있다. 하지만 이들이 제시하고 있는 학습법을 그대로 다라하여 공부에 성공하는 아이는 몇 퍼센트나 될까?

제시하는 학습법이 성공하지 못하는 이유는 이해하지 못하기 때문이다

노트 정리를 하는 법, 오답 노트를 이용하는 법, 암기장을 이용하는 방법, 시간을 효율적으로 사용하는 법 등 공부에 성공한 사람들이 알려주는 여러 학습법을 그대로 따라해 보지만 대부분의 학생들은 교과서를 잘 이해하지 못하여 중요한 핵심 포인트를 찾지 못하고, 집중력과 지구력이 떨어져 책상 앞에 오래 앉아 있지 못한다. 열심히 작성해 놓은 학습 스케줄은 제대로 지켜지지 않는다. 공부를 해야 한다는 마음만 굴뚝 같을 뿐, 시간이 갈수록 자신이 없어진다.

명문대에 입학한 학생은 기본적으로 집중력, 지구력, 이해력 등과 같은 공부하는 힘을 가지고 있다. 그리고 학습 습관이 형성된 상태에서 뚜렷한 목표를 세우고 자신만의 공부법을 만들어 공부를 하여 좋은 결과를 얻을 수 있었다.

그러나 대부분의 학생들은 공부하는 힘을 가지고 있지 않고, 학습 습관도 형성되어 있지 않은 상태에서 자신만의 공부법이 아닌 권장하는 학습법만으로 공부하기 때문에 자신들이 원하는 목표를 달성하지 못하는 것이다. 시들어가는 나무를 살리는 데에 있어 근본적인 원인을 찾아 해결하지 않고 눈에 보이는 죽은 나뭇가지들만 잘라내는 것과 같은 이치이다.

자기주도학습을 실현하기 위한 4대 요소 중에서 어느 것 하나라

도 부족하다면 자기주도학습은 실현되지 못한다. 그러면 자기주도학습을 실현하기 위한 4대 요소를 향상시키기 위해서는 어떻게 하여야 할까?

준비된 아이만이 꿈을 이룰 수 있다

대학 입시를 코앞에 둔 고등학생에게 공부하는 힘을 키우기 위해 독서에 열중하라고 한다면, 효율성이 있겠는가? 또 초등학생에게 학습 동기를 부여하기 위해 공부하는 이유를 장황하게 설명하거나, 공부 스킬을 가르쳐준다면 효과가 있겠는가?

이렇듯 4대 요소에 대한 능력을 가지기 위해서는 아이들의 나이에 따라 각 단계별로 교육시키는 방법을 다르게 적용해야 한다.

학습기 7단계 중에서 1단계 유아 시절부터 5단계 고등학교 시절까지 진행되어야 할 아이들의 특성과 교육 방법에 대하여 알아보자.

1단계 유아 시절

부모의 품에서 조금씩 벗어나는 단계로, 유치원에 다니면서 체계적인 학습이 시작된다. 주로 집에서 엄마와 함께 있다가, 엄마와 떨어져 사회생활을 시작하는 첫 단계이다. 알고 싶은 욕구가 왕성한 시기이며, 언어 발달과 사고 발달이 본격적으로 시작되는 시기라고 할 수 있다.

유아 과정에서는 듣고(읽고) 말하기를 이용한 언어 발달, 사고 발달을 위한 생각하는 습관 가지기, 기본적인 생활 습관 가지기 등이 필요하다.

2단계 초등 1~3학년 초등 저학년 시절

학교생활을 통해 본격적으로 규칙적인 학습이 시작되어 자신의 생각을 조금씩 표출하면서 자신의 생각대로 행동을 하게 되는 시기이다. 올바른 생활 습관과 학습 습관 및 생각하는 습관이 서서히 정착되어야 하며, 유아 시절부터 하였던 말하기를 쓰기와 병행시키는 교육과 연산 능력을 키우는 교육이 필요하다.

3단계 초등 4~6학년 초등 고학년 시절

학습이 점차 어려워지면서 많은 학습 정보의 습득하게 되는 시기이다. 이 시기에는 자신의 주장과 행동이 나타나기 시작한다. 친구들과 본격적으로 사귀기 시작하면서 자기조절 능력을 형성하는 시기이기도 하다.

이 시기에는 조리 있게 말하기와 쓰기를 통해 논리적 표현 능력의 완성도를 높여야 하며, 생활 습관, 학습 습관, 생각하는 습관을 완전하게 정착시켜야 한다.

또 이 시기에는 계속적인 연산 능력 향상 교육을 통해 수학에 자신감을 불어 넣어 주는 것이 중요하다. 특히 5학년 때부터는 노트 정리 등을 통해 서서히 자신만의 학습법을 개발하도록 해야 한다. 학습 동기 부여의 기초라 할 수 있는 경제 교육, 진로 탐색 교육, 리더십 교육 등을 서서히 시작해야 할 시기이기도 하다.

4단계 중학생 시절

많은 아이들이 본격적인 사춘기로 접어드는 시기이다. 이 시기에는 학습 정보 이외에도 많은 정보들을 접하게 된다. 만약 올바른 생활 습관과 생각하는 습관이 형성되어 있지 않으면, 제멋대로 생각하고 행동하는 시기이기도 하다.

  이 시기에는 고난이도의 학습이 시작된다. 만약 공부하는 힘이 없고 학습 습관도 형성되어 있지 않다면 공부를 힘들어 하거나 공부를 포기하게 된다. 따라서 이 시기에는 고난이도 학습에 맞추어 학습의 효율성을 높이기 위해 자신만의 학습법 개발에 힘을 쏟아 완전하게 정착시켜야 한다. 또 본격적인 학습 동기 부여를 실시함으로써 자신의 목표에 맞는 진로를 결정하여야 한다.

5단계 고등학생 시절

4단계에 이르기까지 향상되었던 능력들을 최대한 이용하여 성과를 만들어내는 시기이다. 이미 장기적 목표는 설정되어 있고, 지금까지 다져온 공부하는 힘과 학습 습관 및 자신만의 공부 스킬을 이용하여 학습 목표를 달성하여야 한다.

  이와 같이 자기주도학습을 실현하기 위한 5단계를 통해, 단계별로 차분하게 준비하는 사람만이 자신의 꿈을 실현시킬 수 있다.

02

7살부터 아이의
독립심을 키워라

교육에 있어서 아이는 정원사가 되어야 한다. 부모는 아이 스스로 자신의 꿈나무를 정원에 심고, 아이 스스로 그 꿈나무를 돌볼 수 있도록 도와주어야 한다. 즉, 삶의 주체가 아이가 될 수 있도록 해야 한다는 것이다.

인간은 어머니 뱃속에서 태어나면서 부모에게 의존적인 상태로 태어나지만 나이가 들면서 서서히 독립적인 인격체로 성장하게 된다. 아래 그림과 같이 학습기를 그래프로 나타내면 영아일 때는 부모의 역할이 100%를 차지하지만, 아이가 나이가 들면서 부모의 역할은 서서히 줄어들게 된다. 고등학생이 학습할 때 학생의 역할이 90% 정도

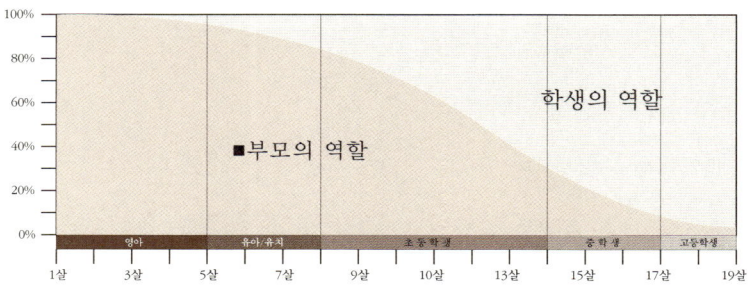

▲나이별 부모와 학생의 역할 비율

이고, 부모의 역할이 10% 정도로 줄어든다.

만약, 아이가 고등학생임에도 불구하고 부모의 역할이 줄어들지 않으면, 아이는 독립기에서 많은 문제가 발생되고, 정착기에서 쉽게 정착하지 못하는 결과를 낳게 될 것이다.

아이는 정원사가 되어야 한다

부모들은 자녀에 대한 자기만의 교육관을 가지고 있다. 부모의 이상과 욕심을 재료로 하여 마음속에 조각상을 만드는 것이다. 아이가 어릴 때에는 부모가 생각하는 조각상에 비교적 가깝게 만들어지는 듯하지만 학교생활을 통해 사회를 배우고, 친구와의 비교 등을 통해 아이는 자신만의 조각상을 만들기 시작한다. 이 단계에서 부모가 생각하는 조각상과 아이가 생각하는 조각상이 맞지 않으면, 아이는 부모와 갈등을 겪게 되고 서서히 반항하게 된다.

교육에 있어서 아이는 정원사가 되어야 한다. 부모는 아이 스스로 자신의 꿈나무를 정원에 심고, 아이 스스로 그 꿈나무를 돌볼 수 있도록 도와주어야 한다. 즉, 삶의 주체가 아이가 될 수 있도록 해야 한다는 것이다.

아이들이 스스로도 할 수 있는 일들을 모두 부모가 대신해 주다가 아이가 커서 대학생이 되었을 때 "이제는 성인이 되었으니, 모든 일을 네가 알아서 해라."하며 한순간에 나몰라라 돌아설 수 있겠는가?

부모의 도움 없이 모든 일을 알아서 할 수 있게 된 아이는 자유를 만끽하면서 방종의 시간을 보낼 것이다. 자신의 역할에 대한 기준과 신념이 없는 상태에서 생긴 갑작스러운 변화는 아이에게 혼란스러움만 안겨 줄 뿐이다. 아이 스스로 미래의 정원에 꿈나무를 심기 위한 첫 삽을 뜨도록 만드는 것, 이것이 바로 독립심을 가지게 하는 것이다.

독립심을 키우는 생활 습관 세 가지

어릴 때부터 자신의 일은 스스로 하도록 하는 생활 습관은 아이가 독립심을 가지도록 하는 지름길이다. 다음 세 가지의 생활 습관은 어릴 때부터 가지는 것이 좋다.

첫째, 스스로 잠에서 깨도록 하라.

부모가 유치원을 보내기 위하여 잠을 깨우기보다는 잠을 충분히 재워서 스스로 기분 좋게 일어날 수 있도록 한다. 만약, 유치원 갈 시간에 일어나지 않으면 아이를 깨우지 말고 일어날 때까지 기다린다. 늦게 일어나면 유치원에 가기 위해 아침부터 허둥지둥해야 한다는 것을 스스로 느끼게 해야 한다. 늦잠으로 유치원을 지각할 때에는 미리 유치원 선생님께 전화를 하여 올바른 생활 습관을 위한 훈련 기간이라고 말하고, 선생님에게 도움을 요청한다.

몇 번의 시행착오가 있더라도 느긋한 마음으로 기다리는 여유를 갖자. 일정한 시간이 되면 음악을 틀어 아이가 일어나도록 하는 방법을 사용해 보는 것도 좋을 것이다.

둘째, 자신의 잠자리는 자신이 정리하도록 한다.

잠자기 전에 내일 유치원에 가지고 갈 물건들과 입고 갈 옷 등을 준비하도록 하고, 일어난 후에는 잠자리를 정리하도록 한다. 처음부터 잘 할 수 있을 것이라고 기대하기 보다는 천천히 하나씩 해 보도록 한다. 처음에는 엄마와 함께 방법을 익히도록 하고, 점차 혼자 잠자리를 정리를 할 수 있도록 유도한다. 한꺼번에 많은 것을 요구하기 보다는 천천히 자신감을 가지고 할 수 있는 일들을 하나씩 늘려갈 수 있도록 유도한다.

셋째, 준비물과 숙제는 자신이 하도록 한다.

유치원 준비물이나 숙제에 대한 사항은 부모가 혼자서 해결하기 보다는 아이와 함께 정보를 공유하면서 아이 스스로 준비할 수 있도록 도와준다.

아이와 정보를 공유하는 방법은 간단하다. 거실이나 출입문 등 적당한 곳을 정한 후 아이의 키높이에 맞추어 화이트보드를 걸어 놓고 준비물과 숙제를 날짜와 함께 적도록 한다. 만약 아이가 한글을 쓸 수 있다면, 준비물이나 숙제 등을 직접 적도록 하여 준비하는 주체가 아이가 되도록 한다.

준비물이 준비되었거나, 숙제가 끝나면 아이가 직접 옆에 ○표를 하도록 한다. 부모는 이를 보고 준비물과 숙제 사항을 점검할 수 있도록 한다. 이와 같은 방법을 통해 아이와 부모가 함께 정보를 공유하고 아이로 하여금 자신이 할 수 있는 일과 부모의 도움을 받을 수 있는 일을 구분할 수 있도록 한다.

조금 미숙하다고 하여 부모가 대신해 주기 보다는 조금 여유를 가지고 지켜보는 것이 좋으며, 많은 칭찬을 통해 자신감을 심어 주도록 한다. 이와 같은 과정을 거치게 되면 비록 작은 일이지만 자신의 일은 자신이 할 수 있는 기틀이 형성되며, 자기조절 능력이 향상되어 독립심이 조금씩 증가하게 된다.

03

7살 습관이
아이의 미래를 바꾼다

아이가 빈 생각주머니에 쓸모없는 것들을 가득 채우기 전에 좋은 것을 차곡차곡 채워야 한다. 학습과 생활이 본격적으로 시작되는 7살부터 좋은 습관을 가지도록 하여, 나쁜 습관이 들어올 수 있는 자리를 없애야 한다.

대부분 좋은 습관은 어렵게 형성되고, 나쁜 습관은 쉽게 형성되기 마련이다. 따라서 나쁜 습관을 고치는 데에는 많은 시간과 노력이 소요된다.

초등학교 5학년 아이는 초등학교 입학 후, 5년 동안 좋은 습관이든 나쁜 습관이든 여러 종류의 습관들을 가지게 된다. 엄마가 하라고 하지 않으면 숙제를 하지 않는 습관, 친구와 놀다가 학원에 매번 지각하는 습관, 책을 건성으로 읽는 습관, 쓰기를 싫어하는 습관 등과 같은 나쁜 습관을 고치기 위해 잔소리를 해 보지만 쉽게 고쳐지지 않는다.

나쁜 습관은 생활하면서 자신이 편하다고 생각하는 방향으로 오랫동안 행동을 하면서 만들어진 것이다. 나쁜 습관을 고치기 위해서는 스스로 어떤 행동이 '나쁘다'라는 사실을 인식해야만 한다. 나쁜 습관이 형성되는 기간이 길수록 고쳐질 확률은 적어진다.

7살부터 좋은 습관을 가져야 하는 이유 세 가지

7살부터 습관을 가져야할 중요한 시기라고 하는 이유는 다음 세 가지이다.

첫째, 인간의 두뇌는 태어날 때 빈 생각주머니와 같다.

빈 생각주머니에 무엇을 채우는지에 따라 생각이 깊은 사람이 될 수도 있고, 생각이 없는 사람이 될 수도 있다. 유명한 일화 중에서 아인슈타인의 메모에 관한 이야기가 있다. 아인슈타인을 인터뷰하던 기자가 집 전화번호를 묻자, 수첩을 꺼내 찾기 시작하였단다. "저는 집 전화번호 같은 것은 잘 기억하지 않습니다. 적어두면 쉽게 찾을 수 있는걸 무엇 때문에 머릿속에 기억합니까?"

이 일화는 메모의 중요성을 강조하고 있다. 다른 측면에서 해석한다면 아인슈타인은 쉽게 메모장에서 찾을 수 있는 것들 보다는 더 중요한 것들을 머릿속에 기억하겠다는 의지를 표현한 것이다. 인간의 능력은 무한하다고는 하지만, 두뇌 용량의 한계로 인하여 많은 것을 잊어버리고 새로운 것들을 받아들인다.

아인슈타인은 두뇌를 효율적으로 사용하기 위하여 메모장에서 쉽게 얻을 수 있는 것들을 머릿속에 담아두기보다는 부가가치가 높은 창의적인 생각을 담아두고자 노력했던 것이다.

아이가 빈 생각주머니에 쓸모없는 것들을 가득 채우기 전에 좋은 것을 차곡차곡 채워야 한다. 학습과 생활이 본격적으로 시작되는 7살부터 좋은 습관을 가지도록 하여, 나쁜 습관이 들어올 수 있는 자리를 없애야 한다.

둘째, 부모의 말을 잘 듣는 시기이다.

유아 시절은 부모의 역할이 가장 많이 필요한 시기이고, 부모에게 많은 관심과 사랑을 받으려고 노력하는 시기이다. 또 부모의 말을 가장 잘 듣는 시기이기도 하다. 부모의 역할을 통해 좋은 습관을 만들어 주기 위해서는 계획과 끈기가 중요하다. 계획을 세운 후, 부모의 뜻대로 되지 않는다고 조바심내기보다는 인내심을 가지고 서서히 진행하는 것이 좋다.

아이가 잘못된 행동을 했을 때에 "그러면 안돼." 라고 단순하게 말하기보다는 그런 행동을 왜 해서는 안 되는지에 대해 자세하게 설명해 주는 것이 좋다. 그리고 아이가 나쁜 행동을 했을 때에는 반드시 감성이 아닌 이성으로 아이를 대하여야 한다.

착한 행동을 했을 때에도 무조건 "잘했어, 착하다."라고 칭찬하기보다는 어떤 이유로 칭찬받는지를 말해주는 것이 좋다.

셋째, 부모와 함께하는 시간이 많다.

유아에게는 청소년에 비해 자신만의 시간이 적다. 따라서 부모는 시간에 쫓기지 않고 아이와 함께 많은 시간을 지낼 수 있다. 좋은 습관을 형성하기 위해서는 많은 관찰과 노력과 인내가 필요하다. 부모는 관찰자이자 조언자가 되어야 한다. 되도록 많은 것을 알게 하기 위하여 유아 때부터 학원에 보내기보다는 좋은 습관을 가지도록 힘쓰는 것이 좋다.

유아기에는 부모에게 더 많은 사랑을 받기 위하여, 애교도 부리고 어리광도 부린다. 조금씩 좋은 습관을 만들어 갈 때, 많은 사랑으로 칭찬하면, '이러한 행동을 하면 부모가 좋아하고 나도 더 즐겁구나.'는 것을 깨닫게 된다. 바로 이러한 과정을 통해 좋은 습관이 형성되는 것이다.

7살부터 가져야 하는 좋은 습관 세 가지

학습이 본격적으로 시작되는 7살부터 가져야 하는 좋은 습관은 다음과 같다.

① 좋은 생활 습관과 학습 습관을 갖도록 하자.

유아가 가져야 하는 생활 습관인 스스로 잠에서 깨기, 잠자리 정리하기, 스스로 준비물과 숙제하기는 이미 앞에서 언급하였다. 학습 습관은 일정한 시간에 일정한 학습량을 꾸준히 실시하는 것을 말한다. 즉 일정한 시간이 되면 공부를 해야 한다라고 생각하게 만드는 것이다. 아이는 아직 시간을 볼 수 없는 경우가 대부분이기 때문에 핸드폰에 있는 예약 기능을 이용하여 해당 음악이 나오면 교재를 가지고 나와 혼자서 공부할 수 있도록 한다. 아이가 공부할 때에는 TV, 라디오, 컴퓨터 등 학습에 방해되는 것들을 치워 집중력을 가지고 공부할 수 있도록 한다.

또 유아의 학습 습관을 형성하는 데에는 학습지도 좋다. 학습의 분량도 적당하고, 교재 내용도 우수하며, 매주 학습지 교사가 방문하여 학습 상황을 체크해 주는 것도 장점이다.

아래 계획표는 유아나 초등 저학년이 학습지를 이용하여 학습 습관을 형성시키기 위한 월별 학습 계획표이다. 이 계획표를 이용하여 매일 일정한 시간에, 일정한 분량을 공부하고, 스스로 평가할 수 있도록 한다.

▲월별 학습 계획표

② 생각하는 습관을 갖도록 하자.

요즈음에는 부모가 학교에 가라면 가고, 학원에 가라고 하면 가는 등 아무 생각 없이 시키는 대로만 하는 아이들이 많다. 이런 아이들은 대개 공부보다는 친구들과 노는 것에 더 흥미가 있다. 오늘 무엇을 배웠는지를 물어보면 간단히 제목만 이야기 할 뿐 자세한 내용은 말하지 못한다. 이러한 현상이 생기는 원인은 무엇인가?

학교나 학원에 왜 가야하는지에 대한 목적의식의 부재가 주된 원인이라고 할 수 있겠지만, 좀 더 근본적인 원인은 생각하려는 행동의식이 없기 때문이다. 어떤 문제가 틀린 경우, 어떤 아이는 '틀렸구나'라고 하면서 아무 생각을 하지 않지만, 어떤 아이는 '왜 틀렸을까?'하고 틀린 이유를 생각하려고 한다. 선생님이 틀린 이유를 생각해 보라고 말하면, 아무 생각을 하지 않던 아이는 그 때부터 생각을 하기 시작한다.

예를 들어, 옆집에 사는 아주머니가 비닐봉지에 사과를 가져오셨다고 가정해 보자. 엄마가 칼을 가지고 오라고 시켰을 때, 아무 생각이 없는 아이는 부엌에서 칼만 가지고 온다. 그러나 생각이 습관화된 아이는 칼을 가져오라는 이유를 생각하고, 사과를 깎은 후, 사과를 담을 접시와 사과를 먹는 데에 사용할 포크도 함께 가져 온다.

아무리 조그만 일이라고 할지라도 생각 없이 하는 행동과 생각하면서 하는 행동과는 과정과 결과에서 많은 차이가 난다. 생각하는 행동의식은 매사 생각하려는 습관에서 나온다. 유아부터 생각하는 습관을 가진 아이로 만드는 방법은 4장에서 자세하게 서술하겠다.

③ 말하는 습관을 가지도록 만들자.

유아는 말문이 트이면서 지적 욕구를 충족시키기 위하여, 부모에게 많은 질문을 한다. 왕성한 정보 습득 욕구를 말로써 표현하는 것이다.

어떤 부모는 아이에게 '너무 시끄러워, 조용히 해.', '뭐가 궁금하다고 귀찮게 계속 물어봐?', '얘는 요즘 말문이 트여서 대답하느라 귀찮아 죽겠어.'라고 말하기도 한다. 이 말을 들은 유아는 자신이 말하는 것을 상대방이 싫어한다고 생각하여, 말을 적게 하게 된다. 유아 교육에 있어 가장 기본이 되는 것은 아이가 말할 때, 무슨 말인지 명확하지 않을지라도 진지하게 들어주고, 대답해 주면서, 말을 많이 시키는 것이다.

유아들은 자신이 들은 내용이나 본 것을 표현하기 위한 어휘력도 부족하고, 발음도 정확하지 않으며, 논리적으로 표현할 능력도 가지고 있지 않다. 우리는 자신의 생각을 말로 표현할 수 있고, 글로 나타낼 수 있으며, 표정이나 행동으로도 나타낼 수 있지만, 유아는 정리되지 않은 생각을 정확하지 않은 발음을 가지고 말로 표현하려고 하기 때문에 이를 저지하면 지적 욕구를 충족하려는 것을 막는 꼴이 된다.

두뇌를 활성화시키는데 많은 도움이 되는 '유아들의 듣고 말하기 교육'에 대한 교육 방법은 다음 5장에서 자세히 서술하겠다.

04

7살부터 시작하는 생각하는 습관 키우기

생각하는 습관이란, 기억된 학습 내용을 끄집어내고 기억하려는 의도적 의지를 키우기 위한 훈련이다. 이 같은 훈련에서 주의해야 할 사항은 학습의 주체가 아이가 되도록 해야 한다는 것이다.

생각하는 아이와 생각하지 않는 아이는 행동에서 많은 차이를 보인다. 생각하는 아이는 같은 실수를 반복하지 않는 반면, 생각하지 않는 아이는 계속 같은 실수를 반복한다.

어느 날 우연한 기회에 동물에 관한 소재를 다루는 TV 프로를 시청하게 되었다. 어떤 사람이 머리 좋은 개와 머리 나쁜 개 2마리를 함께 키우고 있었다. 방안에서 실을 매단 풍선을 띄우니 머리 나쁜 개는 바로 펄쩍 뛰어 오른발로 실을 잡고, 왼발로 실을 당겨 풍선을 터트리려고 하였다. 하지만 실을 잡지 못하여 풍선을 번번이 놓쳤다.

그러나 머리 좋은 개는 머리 나쁜 개가 하는 행동을 가만히 보고 있다가, 팔딱 뛰어 실을 잡더니, 다른 발로 실을 잡기보다는 풍선을 낚아채어

한 번에 풍선을 터트렸다.

   머리 나쁜 개를 강가 유원지에 데리고 갔다. 주인은 개에게 공을 보여 준 후, 공을 물 위로 힘껏 던졌다. 개는 물속에 몸을 던져 물위에 떠 있는 공을 물어왔다. 다음에는 주인이 공을 숨기고, 공을 던지는 것처럼 시늉을 하였다. 개는 주인이 공을 던졌다고 생각하고 무조건 물속으로 뛰어든다. 주인이 공을 던지는 시늉을 할 때마다 이 개는 물속에 뛰어들었다가 공이 없는 것을 알고 되돌아오는 똑같은 행동을 반복한다.

머리가 좋고 나쁜 차이보다는 생각하는 습관 차이

이 TV 프로를 보면서 사람도 마찬가지라는 생각을 하였다. 머리가 좋고 나쁜 것의 차이가 아니라, 생각하느냐? 생각하지 않고 하는 행동하느냐?의 차이이다. 똑같은 실수를 반복하는 개의 행동은 생각하지 않고 행동하여 실수를 반복하는 사람과 다를 것이 없다고 생각한다.

   어떤 행동을 하기 전에 '이 행동이 올바른 행동일까? 더 좋은 방법은 없을까?'를 생각한 후, 행동으로 옮기는 사람과 아무런 생각 없이 하는 사람과의 차이는 어디에서 나오는 것일까?

   이 차이는 바로 생각하는 습관에 있다. 인간의 두뇌는 짧은 시간에 많은 것을 생각할 수 있는 정보 처리 능력을 가지고 있다. 짧은 시간에도 위험에 대처할 수 있는 능력을 가지고 있으며, 상대방이 무슨 생각을 가지고 말을 하는지 금방 알아챌 수 있다.

그렇다면 생각하는 습관은 언제부터, 어떻게 습관으로 만들 수 있는가? 좁은 생각과 넓은 생각, 얕은 생각과 깊은 생각의 차이는 나이, 교육 정도, 경험 정도 등에 영향을 받는다. 아이가 어릴수록 좁은 생각과 얕은 생각을 할 수 밖에 없다. 하지만 이런 생각들이 생각하는 습관으로 이어지고, 계속적으로 생각하다보면 교육이나 경험 등이 쌓여 점차 넓은 생각과 깊은 생각을 하게 된다.

생각하는 습관은 생각 없이 하는 행동이 습관화가 되기 이전이면서, 본격적으로 학습이 시작되는 7살부터 하는 것이 좋다. 어린 아이에게 생각하는 습관을 가지라고 해서 가져지는 것도 아니고, '왜 생각 없이 그런 행동을 하는가?'라고 다그쳐서 생기는 것도 결코 아니다. 자연스럽게 생활 속에서 만들어져야 하며, 부모와 함께 많은 시간과 노력을 투자하여 만들어야 한다.

아이가 유치원을 다녀오면 엄마 앞에서 유치원에서 배운 노래와 율동을 하기도 하고, 유치원에서 맛있게 먹었던 음식들과 선생님에게 칭찬을 받았던 일, 친구와 재미있게 놀았던 일 등을 이야기한다. 하지만 엄마의 반응이 시원치 않거나 엄마가 자기 얘기를 귀담아 듣지 않는다고 생각하면 조금씩 말하는 양을 줄이게 된다.

아이에게 생각하는 습관을 길러주기 위해서는 유치원에서 있었던 일들을 아이가 기억하여, 적극적으로 말을 할 수 있도록 유도하는 것이 중요하다.

유치원에서는 주간 학습 계획서를 매주 가정통신문으로 발송한다.

엄마는 이 내용을 미리 알고 있지만, 전혀 내색하지 않고 "오늘 유치원에서 무엇을 배웠어? 율동 배웠어? 재미있겠구나. 엄마 좀 가르쳐 줄래?", "오늘은 어떠한 놀이했어? 엄마 좀 가르쳐 줄래?", "잊어 먹었어? 엄마는 재미있을 것 같은데, 내일 선생님께 물어 봐서 엄마한테 가르쳐 줘. 엄마와 같이 하면 재미있겠다. 그치?"라고 말한다.

생각하는 습관 형성에서 주의할 사항

생각하는 습관이란, 기억된 학습 내용을 끄집어내고 기억하려는 의도적 의지를 키우기 위한 훈련이다. 이 같은 훈련에서 주의해야 할 사항은 학습의 주체가 아이가 되도록 해야 한다는 것이다. 아이가 모르는 것이 있거나, 중간에 틀리는 것이 있다고 해도 직접 가르쳐 주지 말고, 아이가 배워 오도록 유도해야 한다.

"오늘 무슨 율동 배웠어?" 아이가 머뭇거리면 "곰 세 마리 배웠잖아."라고 아이에게 가르쳐 주기보다는 "잊어 먹었어? 엄마도 배우고 싶은데, 내일 선생님께 물어 봐서 엄마한테 가르쳐 줘. 엄마와 같이 연습해서 아빠한테 보여주자. 그러면 아빠도 좋아하고, 재미있고, 좋지?"라고 말한다. 아이와 동등한 입장에서 부모가 아이를 대한다면 아이는 어떠한 생각을 가질까?

긍정적이면서 재미있어 하는 엄마를 위하여 아이는 수업하는 내용을 기억하려고 노력하고 적극적으로 수업에 참여할 것이다.

유치원에서 배운 내용을 기억하여 말하는 것은 결코 쉬운 일이 아닙니다. 심리학자 에빙하우스는 배운 내용은 1시간이 지나면 50% 정도를 잊어버린다고 하였다. 하지만 스스로 잊지 않고 기억하려는 의도적인 사고를 갖는다면 좀 더 많이 기억할 수 있게 되고, 이러한 노력은 생각하는 습관으로 이어지게 된다.

또 다른 주의할 점은 엄마가 말을 많이 하기 보다는 아이가 말을 많이 할 수 있도록 기회를 주어야 한다는 것이다. 아이가 배운 내용을 말할 때에는 표현력이 부족하기 때문에 어떤 내용인지 잘 모르는 경우가 많다. 단문인 경우는 더러 잘할 수 있으나, 이야기를 구성해야 하는 문장 구성에 있어서는 무슨 뜻인지 모르는 경우가 많다. 이 때에는 성의 있고 진지하게 들어주어야 한다. 어느 정도 잘하고 있다고 판단이 되면, 시간대별로 무엇을 하였는지 시간 개념을 넣도록 유도한다.

유치원에 가서 처음에는 무엇을 하고, 다음에는 무엇을 하고, 반찬은 무얼 먹었는지, 아이들과는 어떤 놀이를 하였는지 등 시간적인 흐름을 바탕으로 기억하고 생각하는 습관을 가지도록 한다. 이러한 교육은 생각하는 습관 형성은 물론이고, 기억력 발달에도 많은 도움이 된다.

05
유아교육의 가장 큰 목표는 두뇌의 힘을 키워주는 것

전체적인 내용파악과 말을 잘 할 수 있는 우뇌 교육을 한 다음, 쓰기 교육을 통해 좌뇌 교육을 발달시켜 우뇌와 좌뇌가 골고루 발달된 통합적 두뇌로 만드는 과정이다.

나이 차이가 얼마 나지 않는 언니나 누나가 있는 영아는 외동아들이나 외동딸보다 언어 발달 상태가 우수하다. 그리고 엄마가 우리나라 말을 잘하지 못하는 다문화 가정에서 자란 아이는 학업 성취도에 문제가 있다. 영아가 언니나 누나와 대화하는 것을 살펴보면, 어른들은 무슨 말인지 모르는 자신들만의 언어로 이야기를 하지만, 서로 진지하게 잘 들어주면서 대화를 하는 것을 알 수 있다.

듣고 말하는 능력은 자신의 생각을 표현하는 가장 기본적인 능력으로, 어릴 때부터 듣고 말하기를 잘하면 언어 발달 능력 향상은 물론이고 더 나아가 학습 능력에도 많은 도움이 된다.

말하기 교육은 두뇌를 활성화시킨다

아이들이 자신의 생각을 말이나 글 또는 행동으로 표현하는 데에는 '정보를 얼마나 잘 받아들이는가?', '두뇌에서의 처리 능력은 우수한가?', '설득력있게 표현할 수 있는가?' 등과 같은 여러 능력이 관련되어 있다.

대화 내용이나 책 내용을 잘 받아들이려면 집중력, 이해력 등의 능력이 필요하고, 두뇌에서는 받아들인 정보를 기억하기 위한 기억력과 재가공을 할 수 있는 논리력, 분석력, 사고력 등이 필요하다. 또 기억된 내용이나 재가공한 내용을 표현하기 위해서는 표현력이 필요하다. 재가공이란, 받아드린 정보와 기억되어 있는 각종 정보들을 분석하거나 비교 정리하여 자신의 생각을 만드는 것을 의미한다.

이렇듯 듣고(읽고) 말하는 것은 단순한 것 같지만, 많은 능력들이 필요하며, 이러한 것들은 학습을 진행할 때 필요한 능력들이다.

어린 아이에게 동화책을 읽어 준 후, 전체적인 내용을 말해보라고 하면 대부분 내용을 잘 말하지 못한다. 중간 부분의 내용만 말하거나, 처음과 끝부분만 말하는 경우가 많다. 이와 같은 현상은 나이가 어리기 때문에 집중력, 지구력, 이해력, 사고력, 표현력 등이 개발되지 않아서이며, 자신이 듣고 싶은 부분만 기억하려는 유아들의 특성 때문이기도 하다.

말하기 교육 3단계

유아들의 두뇌를 활성화시키기 위한 듣고(읽고) 말하기 방법에서 순서는 다음과 같다.

1단계 사실적 내용을 파악할 수 있도록 한다.
동화책을 읽어주거나 읽게 한 후, 내용을 간추려서 말을 하도록 한다. 이와 같이 책 내용이나 들은 내용을 시간의 흐름에 따라 사건이 일어난 순서대로, 그대로 말하거나 쓸 수 있는 능력을 사실적 능력이라고 말한다. 사실적 능력을 향상시킬 수 있는 훈련은 유아부터 초등학교까지 시켜야 한다. 이러한 훈련을 통해 향상된 능력은 수업 시간에 교사가 말하는 수업 내용을 잘 파악할 수 있고, 교과서 내용을 잘 파악할 수 있다. 그 효과는 학습의 난이도가 높아지는 중학생부터 폭발적으로 발휘하게 된다.

이와 같은 사실적 능력을 향상시키기 위해서 동화책을 이용한다. 한글을 읽을 수 없는 아이는 엄마가 읽어주고, 한글을 읽을 수 있는 아이는 스스로 소리 내어 읽도록 한다. 읽은 후, 어떤 내용인지를 엄마에게 가르쳐 달라고 한다. 이 때 진행하는 방법은 다음과 같다.

- 처음부터 욕심 부리기보다는 잘 할 수 있도록 짧은 동화책을 이용한다.
- 책을 소리 내어 읽도록 한다. 소리 내어 읽는 것은 집중력을 키우고,

한글을 제대로 읽도록 하며, 건너 뛰어 읽는 것을 방지할 수 있다.
- 익숙하지 않기 때문에 전체적인 내용 구성을 못하는 경우가 많다. 처음에는 아이가 자신감을 가질 수 있도록 책을 보면서 내용을 말하는 것도 상관없다. 계속되는 훈련을 통해 나중에는 책을 보지 않고 말할 수 있도록 한다.
- 하루에 모두 읽을 수 있는 분량의 책을 선택하도록 한다. 책 내용이 하루에 다 할 수 없는 분량인 경우, 읽은 분량 만큼에 대한 내용을 말하며, 다음날에는 전날 읽었던 부분을 보도록 하여 내용의 연계성을 가지도록 한다.

2단계 자신의 생각을 말로 표현하도록 한다.

사실적 능력이 향상되었다고 판단하였을 때, 내용에 대한 자신의 생각을 말하도록 한다. 그 준비가 되지 않은 상태에서 자신의 생각을 말하는 것은 올바른 방법이 아니다. 내용을 정확하게 이해한 상태에서 추리하거나, 내용을 논리적으로 비판하고, 문제점을 해결할 수 있는 방안을 제시하는 방식으로 자신의 생각을 정리하여 말하도록 한다.

3단계 글쓰기를 시작한다.

읽은 내용을 사실대로 말할 수 있고, 거기에 자신의 생각까지 잘 표현할 수 있게 된 다음에는 글로 쓰도록 한다. 반드시 말을 잘한다고 해서 글을 잘 쓰는 것은 아니지만, 말을 잘할 수 있어야 글로 표현을 쉽게 할 수 있다. 우뇌가 발달된 사람은 전체적인 내용파악을 잘할 수 있으며 말을 잘하지만, 좌뇌가 발달된 사람은 세부적인 내용 파악을 잘할 수 있으며 글로 잘 나타낼 수 있다. 전체적인 내용파악과 말을 잘 할 수 있는 우뇌 교육을 한 다음, 쓰기 교육을 통해 좌뇌 교육을 발달시켜 우뇌와 좌뇌가 골고루 발달된 통합적 두뇌로 만드는 과정이다.

서두르지 말고 단계별 교육이 필요하다

독서가 중요하다고 하여 책을 읽은 후, 독후감을 쓰라고 한다면 아이가 혼자서 하기 때문에 흥미를 잃어 쉽게 지치거나 적당히 읽고 적당히 적는 경우가 많다. 엄마가 함께 동참해야 교육효과가 높으며, 듣고(읽고) 내용 말하기, 자신의 생각 말하기, 쓰기의 단계별 교육은 쉽게 아이가 지치는 것을 방지할 수 있다.

글쓰기는 학습기 3단계인 초등학교 4~6학년 시절부터 실시하는 것이 좋다.

이러한 듣고(읽고) 말하기 교육을 아빠까지 동참할 수 있도록 하면 더 효과적이다. "잘했어요. 아빠가 오시면 아빠한테도 읽었던 내용을 얘기해 주자. 아빠도 좋아하실 거야."하여 아이가 가족 전부에게 인정받는다는 생각을 갖게 하여 자신감을 가지고 꾸준히 실시하도록 한다.

06
공부하는 습관을 만드는 3가지 원칙

공부하는 습관을 형성하기 위해서는 수년간 지속적으로 일정한 시간에 일정한 학습량으로 공부하여야 습관이 형성되는 것으로 단시일에 형성되는 것은 아니다. 공부하는 습관은 어릴 때부터 가지는 것이 좋다.

부모들이 자녀들에게 바라는 작은 바램은 무엇일까?

좋은 대학에 입학하여, 졸업 후 좋은 직장에서 자신이 좋아하는 일을 하면서 안정된 가정을 꾸미는 것은 요원한 바램이고, 작은 바램은 아이가 공부하라고 누가 시키지 않아도 스스로 책상 앞에 앉아 공부하는 모습일 것이다.

먼저, '공부 습관'과 '공부하는 습관'과는 구분한다. '공부 습관'은 교과서를 분석하고, 핵심 노트를 정리하고, 문제를 푸는 등 공부를 어떻게 하는가에 대한 공부하는 방법에 관한 것이고, '공부하는 습관'은 공부를 하기 위하여 책상 앞에 앉아 공부를 시작하려는 마음을 가지는 것이다.

습관이란, '의식적인 노력 없이 무의식적으로 생각이나 행동이 자연스럽게 나타나는 현상' 또는 '어떤 행위를 오랫동안 되풀이하는 과정에서 저절로 익혀진 행동 방식'을 말한다.

무의식적으로 자연스럽게 나타나는 행동을 공부와 어떻게 연계를 시킬 수 있는가? 자, 공부하는 습관을 형성시키기 위해서는 어떻게 해야할까?

습관으로 형성된 행위를 하지 않으면 불안하다

첫째, 반복적인 행위가 있어야 한다.

어떤 회사원은 아침에 출근하여 업무가 시작하기 전에 커피를 한 잔 마시고 난 후, 업무를 시작한다. 커피 한 잔 먹으면서 차분한 마음으로 어제 한 일은 무엇이고, 오늘 처리할 일은 무엇인지 곰곰이 생각하고, 오늘 처리할 업무에 대하여도 생각한다. 만나야 할 사람, 처리해야 할 시간, 문제점 등을 메모한다.

이와 같이 업무 시작 전에 커피를 마시면서 업무를 생각하는 것을 수년간 매일같이 하여 왔다. 그러던 어느 날, 커피를 마시지 못할 경우, 커피를 마신 것과 같이 차분한 마음으로 업무를 시작하기 보다는 산뜻하지 못하면서, 2% 부족한 불안한 마음으로 업무를 보면서, 커피를 마시고 싶다는 생각을 계속하게 된다. 이 회사원은 커피를 마시는 습관을 가지고 있기 때문에 커피를 마시지 않는다면 불안한 마음을 가진다.

또, 어떤 아이는 매일 저녁을 먹은 후, 7시부터 8시까지는 학교에서 배운 내용을 복습하고, 8시부터 9시까지는 내일 배울 내용의 교과서를 한 번 읽어보는 예습을 수년간 계속하여 왔다. 그러나 어제는 피치 못하는 일이 생겨서 공부를 할 수 없었다.

수업시간이 다가오자 '선생님이 나한테 질문하면 어쩌지?'하는 불안한 마음을 가질 것이다. 또 예습을 하였을 때는 쉽게 이해가 되던 수업내용이 조금만 수업내용을 이해하지 못하여도 예습을 하지 않아서 이해 못했다는 생각에 짜증이 날 것이다.

이 아이는 복습과 예습하는 버릇을 가지고 있어, 복습과 예습을 하지 않고 수업에 참여하면, 불안한 마음을 가진다. 또 학원에 가야만 공부가 되는 아이는 학원가는 습관이 형성되어 학원을 가지 않으면 불안하며 공부를 할 수 없다. 학원에 가서 가르침을 받아야하는 공부 습관이 형성되어 누군가의 가르침 없이는 혼자서는 공부를 할 수 없다.

바꾸어서 말하면, 혼자서 스스로 공부 습관이 형성된 아이는 학원에서 공부할 수 없다. 학원 선생님이 설명할 때 자신이 아는 내용도 계속 들어야 하는 것에 짜증이 난다. 또, 모르는 문제를 설명한 후, 자신의 것으로 만드는 시간적인 여유를 두지 않고 다른 문제를 계속 설명하는 것에 집중이 안 되고 머리가 혼란스럽다. 그리고 혼자서 공부한 아이는 조용한 분위기에 익숙해져 있어서 친구들과 같이 공부하는 환경에는 집중력이 떨어진다.

습관은 '관성의 법칙'

어떠한 것이든 습관이 형성되면 '움직이는 물체는 외부에서 어떠한 힘을 받지 않는 한, 멈추지 않고 계속 움직이려는 물체의 성질'인 관성의 법칙과 같이 하던 행동을 계속하여야 하며, 하지 않는다면 불안하고 초조한 마음을 가진다.

이러한 습관은 처음에 어떤 행동을 하느냐에 따라 결정된다. 학원을 계속 보내면, 학원을 가야 공부가 되는 습관이 형성되고, 혼자서 스스로 공부하면 자기주도학습 습관을 가진 아이가 된다.

공부하는 습관을 형성하기 위해서는 수년간 지속적으로 일정한 시간에 일정한 학습량으로 공부하여야 습관이 형성되는 것으로 단시일에 형성되는 것은 아니다. 공부하는 습관은 어릴 때부터 가지는 것이 좋다. 게임과 공부보다는 친구들과 노는 것에 습관이 형성되어 있는 초등 고학년에게 공부하는 습관을 형성시키는 것은 결코 쉬운 일이 아니다. 이미 가지고 있는 습관을 외부 힘으로 억지로 멈추게 하면 다른 부작용이 생기게 된다. 아이 스스로 마음의 변화를 느끼지 않는 한 습관은 쉽게 변하지 않는다. 그렇기 때문에 학습이 시작되는 유아부터 공부하는 습관을 형성시키는 것이 가장 좋다.

둘째, 자기만족이 있어야 한다.

예습한 아이가 학교수업 시간에 내용의 이해가 쏙쏙 되고, 잘 몰랐던 부분을 알게 되어 기분이 좋았다면, 계속 예습을 하여야겠다고 마음먹게 될 것이다. 또 학습 계획표를 짜고, 실행하면서 '자아평가서'에 자신이 만족하는 표시가 많을 경우, 자기만족이 되어 계속할 욕구가 생긴다.

공부하는 습관 형성은 '계획표 작성 → 목표 설정(장단기) → 실행 → 자기만족 → 실행 → 단기 목표 달성 → 성취감, 자기만족 → 실행 → 중기 목표 달성 → 성취감, 자기만족 → 실행' 등과 같이 자기만족과 목표에 대한 성취감이 계속적으로 있어야 한다.

셋째, 목표가 있어야 한다.

공부하는 습관이 형성되기 위해서는 작든 크든 목표가 있어야 하며, 설정된 목표에 도달하였을 경우, 성취감을 통해 보다 큰 자기만족을 가질 수 있다.

공부하는 습관이 형성되면, 부모 또는 누가 시키지 않아도 스스로 책상 앞에 앉아 공부하는 모습을 보게 될 것이다.

07

긍정적 사고와 행동을 만드는 최고의 효과, 자신감

자신감이 학습에 미치는 영향은 대단히 긍정적이다. 또 자신감을 가진 아이들이 자신의 꿈을 찾으려 적극적으로 노력하고 꿈도 빨리 가질 수 있다.

필자가 사교육비 경감 대책 보고서를 작성할 때 아이들의 자기주도 학습 능력을 향상시키기 위해서 브리핑 수업을 실시한 적이 있다. 브리핑 수업은 크게 집단 브리핑 수업과 단독 브리핑 수업으로 구분한다. 집단 브리핑 수업은 자신이 선생이 되어 친구들에게 가르쳐 주는 것이고, 단독 브리핑 수업은 혼자서 가상의 학생들을 두고 학습 내용을 가르치는 방식이다.

브리핑 수업은 아이들에게 조리 있게 말할 수 있는 구술 능력 향상은 물론이고, 자신감을 키워주며, 심도 있는 학습 및 집중력을 향상 시킬 수 있는 학습방식이다. 집단 브리핑 수업은 아이들이 집중할 수 있도록 적당한 통제가 필요하므로 진행하는 교사의 역할이 중요하지만, 단독 브리핑 수업은 어떠한 제약 없이 진행된다.

자신감은 긍정적 사고와 행동을 가진다

초등학교 4학년 반에서 처음 집단 브리핑 수업을 실시할 때 선뜻 나서는 아이가 없었다. 친구들 앞에 선다는 것이 쑥스럽고 부끄럽기 때문이다. 하지만, 며칠이 지나자 너도 나도 먼저 하려고 손을 번쩍 드는 것을 보며 아이들에게 교육의 효과는 대단하다는 것을 느꼈다.

초등학교 4학년 수학 '분수로 나타내기' 단원을 수업하였다. 2시간으로 나뉘어 첫째 시간에는 '분수에 대한 이해와 용어'이고, 둘째 시간에는 '분수의 크기 비교와 덧셈 뺄셈'이었다.

한 아이가 나와서 $\frac{1}{4}$을 설명하려고 4개의 막대 중에서 1개, 8개의 막대 중에서 4묶음으로 나누어 1개의 묶음이라고 설명한다. '20의 $\frac{1}{5}$은 □'의 문제를 푸는 방법까지 잘 설명하다가, '8은 20의 $\frac{□}{□}$'의 문제를 설명하는데 설명이 잘 안 되고 있었다.

다른 아이가 이해가 되지 않는다고 질문하자, 자기도 처음에는 잘 이해가 되지 않아 아빠한테 물어 보았다면서 다음과 같이 설명하였다.

"문제에서 '의'자는 '×'와 같고, '은'자는 '='와 같습니다. 그래서 '20의 $\frac{1}{5}$은 □'을 다시 고치면 '20×$\frac{1}{5}$=□' 입니다. 같은 방법으로 '8은 20의 $\frac{□}{□}$'을 다시 고치면 '8=20×$\frac{□}{□}$'입니다. 이 식을 다시 써 보면 '20×$\frac{□}{□}$=8'로 20개를 몇 묶음을 나누어야 8개가 되는지를 알아보면 답은 $\frac{2}{5}$입니다."

아이들이 브리핑 수업에 대하여 수업준비를 나름대로 하고 있는 모습을 보면서 대견하다는 생각을 하였다. 어떻게 하면 친구들에게 쉽게 설명할 수 있을지 부모에게 물어보는 적극적이면서 긍정적인 사고를 가진 것만으로도 자기주도학습에 성큼 다가 온 느낌이었다.

자신감이 학습에 미치는 영향은 대단히 긍정적이다. 또 자신감을 가진 아이들이 자신의 꿈을 찾으려 적극적으로 노력하고 꿈도 빨리 가질 수 있다.

자신감이 없는 것은 심리적 압박감

자신감은 어디서 생기는 것일까? 자신감은 자신에 대한 믿음과 약속이다. 사람은 누구나 실수를 하기 때문에 과거나 현실보다는 앞으로 무엇을 하겠다는 자신과의 약속과 그에 대한 믿음이 더 중요하다고 할 수 있다. 이러한 자신감을 가지기 위해서는 부모의 역할이 중요하다.

지나치게 수줍음을 가지거나, 말을 더듬는 사람은 유전적인 영향도 있겠지만, 대부분은 성장 과정에서 마음의 상처를 입어 심리적인 압박이 작용하여 나타나는 현상이라고 한다. 이같이 자신감이 없는 이유는 부정적인 대화이다.

자라나는 아이들은 감수성이 예민하기 때문에 어른들이 보기에는 별 문제가 없어 보이는 말 한마디에 쉽게 마음의 상처를 입는다. "너는 하는 일마다 그 모양이냐?", "그것도 제대로 못하냐?"와 같은 부정적인 평가는 '나는 할 수 없어.'라는 생각에 빠져 들고, 자신의 능력은 부정적인 생각에 지배되어 자신감을 잃게 된다.

또 다른 이유는 발표에 의한 실수이다.

요즘은 커뮤니케이션의 중요성으로 자신의 생각을 다른 사람에게 간결하고 설득력 있게 전달할 수 있는 프레젠테이션 능력을 강조하고 있다. 학교에서도 토론하고 발표하는 시간을 가지고 있으며, 누구나 한 번 쯤은 토론이나 발표할 때 실수한 경험이 있을 것이다. 말이 꼬여서 이상한 말을 나오거나, 떨려서 말을 잇지 못하는 등 실수를 한다. 이 같은 실수가 놀림감이 되는 경우 아이는 그 충격으로 마음의 상처를 입게 되며, 열등 의식과 강박 관념으로 자신감이 떨어지게 된다.

자신감 형성 방법 네 가지

자신감을 가지기 위해서는 다음과 같이 해야 한다.

첫째, 어릴 때부터 자신의 생각을 말할 수 있는 장(長)을 마련해 준다.

책을 읽은 후, 내용 이야기하기, 유치원이나 학교에서 배웠던 내용이나 일어 난 일 이야기하기 등을 통해 아이가 말을 할 수 있는 기회를 만들어 준다. 부모가 말을 많이 하기 보다는 말을 많이 시켜 자신을 표현하면서 행동할 수 있는 자신감을 가지게 한다.

둘째, 아이를 인정하는 자세가 필요하다.

아직 어리기 때문에 논리적으로 말하지 못하는 것은 당연하다. 조리 있게 말하지 못한다고 고치려고 하지 말고 그 자체를 인정하여야 한다. 그리고 칭찬을 아끼지 않는다.

셋째, 자신을 존중하고 사랑하는 사람으로 만들어라.

아이에게 사랑한다는 말을 많이 해 주어 자신은 부모에게 사랑받는 사람이라는 것과 자신의 몸은 소중하다는 것을 인식시킨다.

넷째, 1가지 이상 취미 및 특기를 가질 수 있도록 한다.

피아노, 미술, 축구, 농구 등 자신이 좋아하고 친구들보다 좀 더 잘 할 수 있는 취미나 특기가 있으면, 스트레스를 풀 수 있는 방법이 생기면서 생활을 즐길 수 있고, 자신감도 생긴다.

부모는 자신감을 가진 것과 극도의 낙관적 사고를 가진 것에 구분을 두어 세심한 관찰이 필요하다. 자신감과 극도의 낙관적인 사고와는 확연히 다르기 때문이다.

자신감을 가지는 것은 긍정적 사고를 바탕으로 자신이 처한 상황을 파악하고 자신이 할 수 있는 최선의 해결책을 찾으려 노력하는 것이고, 극도의 낙관주의는 상황 파악과 문제를 해결하려는 노력을 기울이지 않으면서 그저 잘 될 것이라고만 믿는 것이다.

자기주도학습
최고의 멘토는 부모다

유아나 초등학생 때에는 아이에게 많은 관심을 가지다가 아이가 커서 중학생이나 고등학생이 되면 관심이 적어지거나, 포기하는 부모들이 많다. 이는 나이에 따른 멘토링 내용을 구분하지 않아서 생기는 현상이라고 할 수 있다.

어느 학부모가 고1 남학생을 학원에 입학시키면서 다짜고짜 아이를 책임질 수 있느냐 하는 황당한 질문을 받은 적이 있었다. 아이의 성적에 대한 이야기인지? 인성에 대한 이야기인지? 아니면, 진로에 대한 이야기인지? 선뜻 질문에 대한 의도를 파악할 수 없었다.

차분한 마음으로 상담을 계속하여 보니, 중학교 때에는 상위권 성적을 유지하였는데, 고등학교에 올라와서는 공부에는 관심이 없고, 이성교재를 하는 것 같으며, 집보다는 밖으로만 나가려고 한다는 것이다. 아이에게 이야기를 하면 잔소리로만 듣게 되고, 반항하여 아들 키우기가 너무 힘들다고 하소연 한다.

이러한 상담엔 항상 하는 이야기가 있다.

"부모와 자식과의 관계는 상하종속관계도 아니고, 자식이 부모의 삶을 대신 살아주는 사람도 아닙니다. 자식은 하나의 독립된 인격체라고 인지하는 것이 우선입니다. 자식 잘되지 않기를 바라는 부모는 없습니다. 그래서 부모의 욕심만큼 기대도 커지기 마련이고, 자녀가 조금이라도 부모 마음을 몰라주거나, 부모가 시키는 대로 행동하지 않으면 실망도 커집니다.

그러한 생각에서 탈피하려면, 부모와 자식 관계보다는 선배와 후배관계라고 생각해 보세요. 선배가 후배에게 인생에 대하여 조언을 해 주는데, 욕심내어 과도하게 요구하지 않고, 조언한대로 하지 않는다고 화를 내지 않습니다. 그래서 부모와 자식과의 관계도 가르치는 방식에서 조언으로 바뀌어야 합니다."

부모는 멘토링을 하기 위한 충분조건

즉, 부모가 멘토가 되어 멘토링을 하여야 한다고 주문한다. 멘토는 무엇인가?

조언자의 역할을 하는 사람을 멘토(Mentor), 조언을 받는 사람은 멘티(Mentee)이며, 경험과 지식이 풍부한 멘토가 멘티를 1:1로 전담하여 지도와 조언을 하면서 실력과 잠재능력을 개발시키는 것을 멘토링(Mentoring)이라 한다. 멘토링은 부모와 자녀관계, 스승과 제자관계, 선배와 후배관계 등 여러 관계에서 적용될 수 있다.

멘토의 유래는 BC 1,200년경 오디세우스가 트로이와의 전쟁에

출전하기 위하여 아들을 믿을 만한 친구 멘토에게 맡겼다. 멘토는 전쟁이 끝나기까지 10여 년 동안 교사로서, 조언자로서 때로는 친구나 아버지와 같이 상담과 충고를 하여 훌륭한 인격체로 성장하도록 하였다. 이후부터 멘토라는 이름은 지혜와 신뢰를 바탕으로 하여 한 사람의 인생을 이끌어 주는 지도자를 뜻하는 말로 쓰이게 되었다.

우리나라는 20여 년 전부터 소년소녀가장 돕기에서 후원자와 소년소녀 가장과의 1:1 결연 형태를 실시하는 등 다양한 분야에서 적용하고 있고, 최근에는 대학생을 이용하여 방과 후 학교나 청소년복지관에서 학습 위주의 멘토링을 실시하고 있다.

멘토는 멘티의 학교생활, 가정생활, 인성 교육, 사회 교육, 목표의식 교육, 학습 관리, 건강 교육 등 모든 것을 교육하여 성공적인 삶을 살 수 있도록 도와준다.

멘토링을 하기 위해서는 멘토는 멘티의 자라난 환경, 성격, 습관, 특기, 적성 등 모든 부분과 아이가 필요한 것이 무엇이며, 부족한 것이 무엇인지 등을 상세히 알고 있어야 한다. 또 멘토와 멘티는 함께 하는 시간을 많이 가져야 한다.

이러한 관점에서 볼 때 부모가 멘토가 되고, 자녀가 멘티가 되는 것은 충분한 조건이 형성된다고 볼 수 있다. 다만, 부모의 욕심을 버리고, 조언자의 역할 수행을 충실히 할 수 있다면 말이다.

학습 멘토링과 비학습 멘토링

자녀가 학생인 입장에서 멘토링 내용으로 구분한다면, 학습 멘토링과 비학습 멘토링으로 나눌 수 있다. 학습 멘토링은 부모가 학습코치가 되어 효과적인 학습전략, 학습에 필요한 습관 형성, 시간관리, 자기통제능력형성, 학습 정보 제공, 목표 설정 등에 조언을 해 주며, 비학습 멘토링에서는 진로, 교우, 이성, 건강 등 원만한 학교와 사회생활을 할 수 있도록 하는 조언이 필요하다.

부모가 멘토링을 시행할 때 유아, 초등학교 때는 학습 멘토링을 통해 학습에 필요한 습관과 능력을 형성할 수 있도록 도와주고, 중학교 이상에서는 비학습 멘토링에 더 많은 관심을 가지도록 도와주어야 한다. 중학생이나 고등학생 때에는 부모는 교육전문가가 아니기 때문에 학습 멘토링을 하기에는 어려움이 있으며, 아이가 자기주도학습을 할 수 있도록 하여야 한다.

유아나 초등학생 때에는 아이에게 많은 관심을 가지다가 아이가 커서 중학생이나 고등학생이 되면 관심이 적어지거나, 포기하는 부모들이 많다. 이는 나이에 따른 멘토링 내용을 구분하지 않아서 생기는 현상이라고 할 수 있다.

'부모는 가장 좋은 스승이다.' 라는 말과 같이 부모는 좋은 조언자로서 아이를 멘토링을 통해 성공한 자녀로 만들 수 있다. 자신감을 가지고 실천에 옮겼으면 한다.

09

신나는 공부,
맛있는 공부를 하게 하라

우리는 어릴 때부터 공부는 재미있는 것이라는 인식보다는 공부는 반드시 하여야 하며, 공부를 하지 않을 경우 어떤 것도 할 수 없는 사람이 된다는 생각을 세뇌 당한다. 공부에 대한 딱딱하고 부정적인 이미지만을 마음속에 남겨 놓게 되는 것이다.

우리 몸은 스트레스를 받으면, 자극 호르몬인 아드레날린이나 기타 호르몬이 혈중 내에 분비되어 자신의 몸을 보호하려는 신체적 반응이 나타난다. 힘과 에너지를 가지기 위해 근육, 뇌, 심장에 많은 혈액을 보내게 되고, 이 과정에서 맥박과 혈압이 증가되고, 호흡이 빨라지며, 근육이 긴장한다. 반면, 위험한 시기에 혈액이 가장 적게 요구되는 피부, 소화기관, 신장, 간으로 가는 혈류는 감소한다.

이러한 긴장 상태가 길어지는 경우, ①신체적 증상으로 피로, 두통, 불면증, 근육통이나 경직 및 자주 감기에 걸리는 증상이 나타난다. ②정신적 증상으로 집중력이나 기억력 감소, 우유부단, 마음이 텅 빈 느낌, 혼동이 오고 유머감각이 없어진다. ③감정적 증상으로 불안, 신경 과민, 우울증, 분노, 좌절감, 근심, 성급함, 인내 부족 등의 증상이 나타난다. ④ 행동적 증상으로 안절부절, 손톱 깨물기, 발 떨기, 울거나 욕설, 비난이나 물건을 던지거나 때리는 행동이 증가한다.

공부는 설탕처럼 달고 맛있는 것

아이들은 많은 스트레스에 노출되어 있다. 공부에 대한 두려움, 학교 생활에서의 친구 관계, 가정에서의 형제나 부모와의 관계 등에서 스트레스를 받는다. 어린아이일수록 스트레스를 받으면 두뇌에서 기억과 학습에 중요한 역할을 하는 해마가 위축된다. 해마의 위축으로 기억력이 감퇴되고 언어 발달이 늦어지며, 더불어 모든 발달이 지연될 수 있다.

영아와 유아 시절에서의 가장 큰 스트레스는 부모와의 애착 관계와 공부에서 온다. 부모에게 가장 많은 사랑을 받아야할 나이에 사랑을 받지 못할 경우와 억지로 시키는 공부 때문이다. 억지로 시키는 공부는 다른 아이들보다 똑똑하게 가르치려는 부모의 욕심으로 아이에겐 오히려 장기적 스트레스를 가하게 되며, 역효과가 나타나게 된다.

이스라엘에서 유치원이나 초등학교 입학식 때, 공부는 두려움보다는 달콤한 꿀맛과 같다는 사실을 가르치기 위해, 종이 위에 물로 히브리어의 알파벳 22자를 써놓고 그 위에 설탕을 뿌려 혀로 핥도록

한단다. "이제부터 너희들이 배우는 것은 모두 여기 쓴 22자에서 출발하게 되며, 공부는 설탕처럼 달고 맛있는 것이다."라고 말한다.

또 신입생 모두에게 케이크를 주는 학교도 있다. 흰 설탕이 덮인 맛있는 케이크 위에는 히브리어 알파벳이 역시 설탕으로 씌어져 있다. 어린이들은 선생님에게 이끌려 설탕의 알파벳을 손가락으로 더듬어가면서 단맛을 맛보게 된다. 이 역시 '배움이란 꿀처럼 달다.'라는 사실을 가르치려는 의도다.

이스라엘과는 달리 우리는 초등학교에 입학하기 전부터 "공부 열심히 해야 돼. 안 그러면 학교 못 간다.", "학교가면 선생님 말씀 잘 들어야 돼. 안 그러면 선생님한테 혼 나."와 같은 말을 서슴없이 하면서 학교는 공부만하는 곳이고, 선생님은 두려운 존재라는 인식을 가지게 한다.

우리는 어릴 때부터 공부는 재미있는 것이라는 인식보다는 공부는 반드시 하여야 하며, 공부를 하지 않을 경우 어떤 것도 할 수 없는 사람이 된다는 생각을 세뇌 당한다. 공부에 대한 딱딱하고 부정적인 이미지만을 마음속에 남겨 놓게 되는 것이다.

공부에 대한 부정적인 이미지로 무거운 마음을 가진 채, 부모가 억지로 시키는 공부는 아이에게 감당하기 힘든 학습스트레스가 된다. 학습을 인지하는 뇌 부분이 위축되고, 불안, 인내심 부족, 난폭함 등의 나쁜 성격으로 이어질 수 있다.

반면, 공부가 재미있고, 공부하는 것이 행복하다면, 스트레스 호르몬 분비가 낮아져 명랑해지고, 자신감이 차며, 긍정적인 마음을 가지면서, 질병에 대한 저항력이 증가되어 잔병치레를 하지 않게 된다.

행복한 생각은 다른 일도 좋은 기분으로 받아들일 수 있게 하며, 뇌의 긍정적인 흥분 신경계를 자극하고, 부정적인 억제 신경계를 억제시켜 근육의 긴장을 풀어주고, 과민한 신경을 완화시켜 주면서, 혈압을 정상화시켜 결과적으로 일의 효율성을 높여준다.

그래서 우리는 하고 싶은 일을 할 때 뇌가 좋아하기 때문에 행복함을 느낀다. 공부가 부정적 이미지에서 긍정적으로 바뀔 때는 초등학교 고학년 이상이 되어 자신이 공부한 만큼 성과를 느꼈을 때 이다. 이것은 자아만족으로 인한 성취감이 생긴 경우이다. 하지만, 학습에 대한 부정적 이미지에서 긍정적으로의 전환은 아이가 성장하는 과정에서 바뀌는 것보다 학습이 시작되는 유아 시절부터 필요하며, 이때부터 공부가 재미있다는 인식을 가지게 하는 것이 좋다.

공부가 재미있다는 인식시키기 방법 4가지

유아 시절부터 공부가 재미있다는 것을 인식시키기 위해서는 다음과 같은 방법이 있다.

① **부모가 먼저 재미있게 참여하라.**

듣고(읽고) 말하기 교육, 수 교육 등에서 부모가 재미있게 진행하면서, 적극적인 자세를 가진다. 공부하는 개념에서 벗어나 어떤 것을 하나씩 알아가는 것이 재미있고 가치가 있다는 것을 인지시키도록 한다.

② **생활과 연계시켜라.**

장남감이나 간식을 주면서 수 더하기, 간식을 먹으면서 빼기하기, 집안에서 동그라미, 세모, 네모 모양 찾아오기 등 주변 생활과 연계시키면 아이는 재미있어 한다.

③ **칭찬을 아끼지 마라.**

아이가 한 행동에 대하여, 아낌없이 칭찬을 함으로서 자신감을 가지도록 한다. 틀리는 경우에도 직접적인 가르침보다는 '뭘까?'라는 의문을 가지고 호기심을 가지도록 하여 스스로 해결하도록 하고, 해결한 후에 칭찬을 받으면 아이는 재미있어 한다.

④ **서두르지 마라.**

유아는 언어가 발달될수록 많은 정보들을 받아들이기 위하여, 다양한 질문을 하는 시기이다. 아이가 원하는 시기에 가르치는 것이 좋으며, 받아드릴 시기가 되어 있지 않거나 원하지 않는 상태에서 억지로 가르치는 것은 역효과를 가져올 수 있다.

왜 공부해야 하는지 학습 동기를 부여하라

학습 동기 부여 교육은 토론과 상담을 통해 아이들의 마음을 움직여야 한다. 또 '생각이 바뀌면 행동이 바뀐다.'는 기본 원리를 바탕으로 아이들의 생각이 바뀌었는지 행동을 면밀히 관찰하면서 진행해야 하기 때문에 많은 시간과 관심이 필요하다.

학습 동기 부여 교육은 학습자가 공부를 해야 한다는 의식을 가지고 자발적으로 학습에 참여하도록 마음을 가지게 하는 교육을 말한다. 학습 동기 부여 교육은 아이들이 가지고 있는 마음, 가지고 있는 능력 및 처해 있는 환경 등이 모두 다르며, 심리적인 교육이므로 상당히 복잡하며 고난이도에 해당하는 교육이라 할 수 있다.

학습 동기 부여 프로그램의 모든 것

학습 동기 부여 프로그램에 대하여 자세히 알아보자.

첫째, 교육 방법에는 어떠한 것들이 있는가?

학습 동기 부여 교육은 집단 상담과 개인 상담으로 이루어진다. 집단 상담 프로그램은 같은 나이들을 대상으로 정해진 프로그램의 주제에 대하여 토론하고 친구들의 생각과 자신의 생각을 비교하면서 공부하는 이유를 찾는 방법이다.

이는 일방적인 전달 교육에서 탈피하여 친구들의 생각을 공유하면서 느끼는 교육 방법으로 교육 효과는 좋으나, 이탈하는 아이들의 관리가 어렵다는 단점이 있다.

개인 상담 프로그램은 교사가 상담을 통해 아이의 특성에 맞도록 시간과 방법을 조절하면서 진행하기 때문에 교육 효과는 좋으나, 세심한 관찰과 많은 시간이 소요되는 단점이 있다.

둘째, 나이에 따라 적합한 교육 방법은 무엇인가?

집단 상담 프로그램은 자신의 생각을 친구들에게 비교적 잘 표현하는 초등학생들에게 적합하고, 개인 상담 프로그램은 자신의 생각을 집단에서 노출하기 꺼려하는 중·고등학생들에게 적합하다.

셋째, 나이에 따른 교육 효과는 어떻게 나타나는가?

효과 면에 있어 나이가 어릴수록 소요되는 시간이 많이 걸리지만 실패 확률이 적다. 반면, 나이가 많을수록 소요 시간이 적게 걸리지만 실패 확률이 높다. 나이가 어릴수록 아이들은 미래에 대한 생각보다는 과거나 현실만 생각하고 행동하기 때문에 자신의 미래에 대한 개념을 깨우치는데 많은 시간이 소요된다. 반면, 나이가 많을수록 자신의 미래에 대하여 많은 생각을 하지만, 학습 동기 부여 교육의 최종 목표인 성적 향상을 위해서는 공부하려는 마음만 가지고 있다고 성적이 향상되는 것은 아니기 때문이다.

넷째, 어느 때, 학습 동기 부여 교육을 실시하는 것이 좋은가?

고등학생들은 이미 생각하는 사고가 고착화되어 있거나, 학습능력이 정해져 있고, 생활 습관과 학습 습관 형성이 되어 있는 경우가 많다. 그러한 상황에서 눈앞에 다가 온 대학입시를 대비해 공부를 해야 한다는 생각을 가지고 있기 때문에 학습 동기 부여 교육은 확실하게 마음을 고착화시키는 역할만 할 뿐이다. 하지만, 초등학생들은 습관과 사고가 정착화 되어 있지 않기 때문에 학습 동기 부여 교육을 통해 좋은 생활 습관과 학습 습관 형성 및 학습능력을 향상시킬 수 있는 자기주도학습과 연계시키기 쉬우므로 초등학교 고학년부터 실시하는 것이 좋다.

다섯째, 학습 동기 부여 교육이 제대로 이루어지지 않는 이유는 무엇인가?

학습 동기 부여 교육은 내용에 있어서 단순 지식 전달 교육이 아닌 자신의 경험을 통해 얻어진 내용을 바탕으로 해야 한다. 또, 토론과 상담을 통해 아이들의 마음을 움직여야 한다. 또 '생각이 바뀌면 행동이 바뀐다.'는 기본 원리를 바탕으로 아이들의 생각이 바뀌었는지 행동을 면밀히 관찰하면서 진행하여야 하기 때문에 많은 시간과 관심이 필요하다.

교육을 진행하는 과정에서도 아이들의 다양한 질문에 시원하고 정확한 답변을 통한 상담이 이루어져야 하기 때문에 교사는 다양한 지식과 사회 경험이 풍부하여야 하며, 교육의식이 뚜렷해야 한다.

이러한 이유로 학습 동기 부여 교육은 매우 복잡하고 어렵기 때문에 경험이 풍부하지 않은 교사들은 부담스러워 학교 교육 현장에서는 좀처럼 이루어지지 않고 있다. 학원에서도 경험에서 벗어나 많은 시간이 소요되기 때문에 경제적인 효율성이 떨어지고, 아이들의 성공에 대한 부담감으로 외면하고 있는 실정이다.

여섯째, 누가 학습 동기 부여 교육을 실시하는 것이 좋은가?

단적으로 말한다면 부모다. 아이들을 가장 많이 알고 있으며, 많은 시간을 투자할 수 있고, 같이 있는 시간이 많기 때문에 행동 변화를 가장 먼저 알 수 있는 사람이 부모이기 때문이다. 초등학생 때부터 장기 계획을 통해 몇 년간에 걸친 단계별 교육을 실시하여야 한다. 아이의 마음을 움직이는 교육이기 때문에 부모가 유능한 멘토가 되어야 한다.

일곱째, 학습 동기 부여 교육은 단순한 교육이 아니다.

학습 동기 부여 프로그램은 다음과 같은 단계로 이루어진다.

1단계 자아발견을 통해 자신의 장단점을 파악하는 과정
2단계 자신의 장점을 개발하고, 단점을 보완 시키는 자아 개발 목표 설정 과정
3단계 자신의 꿈을 찾는 과정

4단계 자신의 꿈을 구체화시키기 위하여 성공한 사람을 모델로 만드는 과정
　　5단계 롤 모델과 같이 하기 위해서는 자신의 행동목표를 정하는 과정
　　6단계 공부하는 이유를 찾는 과정
　　7단계 공부하기 위한 구체적인 단기, 중기, 장기 행동목표 정하는 과정
　　8단계 시간과 자기조절을 관리하는 과정
　　9단계 자신의 새로운 이미지를 만들어 자신감을 가지는 과정

이와 같이 9단계로 진행되는 프로그램은 초등 고학년, 중학생 대상으로 3~6개월 동안 실시하였으나, 생각이 바뀌고 행동에 옮기는 아이들이 생각보다 많지 않음을 실감하게 되었다. 학습 동기 부여 교육은 자기주도학습 능력과 밀접한 관계가 있기 때문에 꿈을 찾아주고 목표를 정하고 행동하는 단순 교육 프로그램만으로는 아이가 바뀌지 않는다.

학습 동기 부여 이외에 추가적 요소

이 프로그램에 다음과 같은 추가적인 교육이 첨가되어야 아이들이 최종 목적인 자신의 인생을 개척하고 노력하는 아이로 변한다.

　　① 꿈을 찾는 과정에서 느끼는 교육이 필요하다.
　　자신의 미래에 대한 지식을 단순 전달 교육보다는 느끼는 교육이

필요하기 때문에 폭넓은 교육과 시간이 필요하다. 즉, 경제 교육을 통해 금전의 중요성에 대한 금전 교육과 진로 탐색을 통해 직업의 다양성과 직업의 필요성에 대한 교육으로 좀 더 폭넓은 접근이 필요하다.

② 생활 습관과 학습 습관이 형성되어 있어야 한다.

초등학교 고학년과 중학생 대상으로 실시한 프로그램은 이미 나쁜 생활 습관과 학습 습관이 형성되어 있는 아이들이 많아 이를 고치기에는 너무 역부족이었다. 습관을 고치려면 아이들과 같이 있는 시간이 많아야 행동관찰을 할 수 있다. 나쁜 습관이 굳어진 아이들은 마음만 있을 뿐, 목표로 세운 행동 실천이 제대로 이루어지지 않아 어느 정도 기간이 지나면 교육 이전과 같은 똑같은 행동으로 돌아오게 된다.

이것은 습관이 얼마나 중요한지를 보여주는 예이다. 또 어린 유아부터 생활 습관과 학습 습관 형성이 중요하다는 것을 알 수 있다.

③ 공부하는 힘인 기초 학습 능력이 갖추어져 있어야 한다.

마음잡고 공부 하려고 책상 앞에 앉아 교과서를 읽어보지만 쉽게 이해가 오지 않고, 식구들이 말하는 소리가 잘 들려 잡념이 생긴다. 몸이 뒤틀려 의자에 10분 이상을 못 앉아 화장실을 갔다 오고, 뭐 먹을 것이 없나 냉장고 문을 열어본다. 공부하려는 마음은 가지고 있지만 행동은 생각과 같이 되지 않는다. 이는 집중력과 이해력이 떨어지면서 지구력도 없어진다.

강한 의지가 있다면 이러한 상태를 극복할 수 있겠지만, 나이 어린 아이들에 이를 극복하라고 하기에는 무리가 있다. 집중력, 이해력, 지구력, 논리력, 문제해결력, 표현력 등의 기초 학습 능력은 한순간 생기는 것이 아니다. 어릴 때부터 습관에서 오는 장기간에 걸쳐 자연스럽게 형성되는 능력인 것이다. 이 같은 공부에 필요한 힘은 누가 길러주어야 하는가? 어릴 때부터 장기간에 걸쳐 단계적인 교육을 해야 하는 사람은 부모밖에 없다.

④ 공부 스킬 향상 교육이 병행되어야 한다.

공부 스킬만을 향상시켜 1등을 만들겠다는 생각은 버려야 한다. 성적이 우수한 아이가 되려면 내적 동기, 습관, 공부하는 힘을 갖춘 아이만이 가능하다. 그러나 학교, 학원, 학습개발서 등에서 자기주도학습을 실시한다고 하면서 공부 스킬 향상만을 강조하는 경우가 있다.

공부 스킬 향상에만 중점을 둔 교육은 일부 아이들에게만 효과가 있으며, 간혹 중학교 때 성적이 상위권으로 진입하였다고 해도 고등학교에 진학하여 성적이 떨어지게 된다.

진정한 실력을 갖추려면 공부 스킬 향상 교육은 물론이고 내적 동기, 습관, 공부하는 힘이 바탕이 되어 갖추어져야 한다.

⑤ 자신감을 가지는 리더십 교육이 필요하다.

내적 동기, 습관, 공부하는 힘, 공부 스킬을 갖추고, 거기에 자신감까지 충전되어 있다면, 다른 아이들보다 몇 배의 공부 성과를 거둘 수 있다. 자신감은 자신이 가지고 있는 능력을 배가시킬 수 있는 초능력을 형성하게 된다. 자신감은 어디에서 나오는 것일까? 바로 친구들을 리드할 수 있는 리더십에 있다. 똑같은 능력을 가진 사람들 중에서 리더를 한 명 선정하여 통솔하라고 한다면 리더는 자신이 가지고 있는 모든 능력을 총동원하여 집단을 이끌어갈 것이다. 똑같은 능력을 가지고 있지만, 리드를 당하는 사람보다 리드를 하는 사람이 더 많은 능력을 발휘하는 이치와 같다.

스스로 공부를 하기 위한 학습 동기 부여 프로그램은 단순하지 않다. 여러 능력을 골고루 갖추어져야 하고, 많은 교육과정이 추가되어야 하며, 시간이 많이 소요되는 복잡한 교육과정으로 자기주도학습 능력 과정과 일치한다고 볼 수 있다. 쉽게 접근하여 실패하는 사설 교육 기관들을 많이 보아왔다.

자녀들의 성공적인 학습 동기 부여 교육을 위해서는 어릴 때부터 부모의 많은 관심과 장기적인 계획이 있어야 한다.

4부

전교 1등이 목표라면 자기주도학습으로 승부하라

01

학교 공부에 몰입하면 자신만의 공부법도 만들 수 있다

시험을 출제하는 사람은 학교 선생님이다. 시험에 출제되는 중요한 내용은 반드시 수업 시간에 강조를 하게 마련이다. 수업 내용을 메모하면서 듣는 것은 기억이 오랫동안 머릿속에 남아 있도록 하는 데에 도움을 줄 뿐만 아니라 중요한 내용을 인지하는 데에도 효과가 있다.

뉴턴은 만유인력의 법칙을 어떻게 발견할 수 있었을까? 뉴턴의 머릿속에는 온통 '사과가 땅으로 떨어지는 이유가 뭘까?'라는 생각만이 가득 차 있었기 때문이다. 큰 업적을 남긴 천재 과학자들은 대부분 '주어진 문제를 해결하고자 하는 의식'이 남들보다 강하다.

어떠한 일에 집중력을 가지고 깊이 파고드는 것을 '몰입'이라고 한다. 몰입은 집중력이 극대화되었을 때에 나타나는 현상으로, 문제 해결 능력을 향상시켜 자신의 능력을 마음껏 발휘할 수 있도록 해 준다.

20년 전보다 학교 수업 태도가 크게 나빠졌다

2009년 10월 한국교육개발원이 발표한 '중학교 학생들의 학습 활동

및 가치관 변화 연구'에 따르면, 사교육 등 학습 부담은 늘어난 반면, 학교 수업 태도는 크게 나빠진 것으로 나타났다.

20년간 학생들의 사교육 등 학습 부담은 늘고 수업 태도는 크게 나빠진 것으로 나타났다는 연구 결과를 발표하였다.

1988년과 2008년, 서울 중학교 3학년생들의 학습 활동을 비교 분석한 결과, 1988년 조사에서는 응답자 중 학원 1곳을 다닌다는 학생이 20.9%로 가장 많았고, 2곳은 20.3%, 5곳 이상은 14.5%였다. 다만, 1988년은 정부의 과외 금지 조치가 계속되던 시점이어서 국·영·수 교과의 학원보다는 피아노, 미술 등 예·체능 학원이 주류를 이루었다.

2008년에는 국어 학원에 다니는 학생이 27.6%, 영어는 49.9%, 수학은 51.1%로 일부 과목은 응답자의 절반 이상이 학원에 다닐 정도로 사교육이 확대된 것으로 나타났다.

이렇게 1988년보다 2008년에는 많은 아이들이 학원에 다닐 정도로 확대되었지만, 학교에서 수업을 받는 학생들의 수업 태도는 상당히 부정적으로 바뀌었다.

'수업 시간에 떠든다.'는 항목에 '자주 그렇다.'고 답한 비율이 1988년 13.2%에 불과했으나, 2008년에는 47.9%로 응답자의 절반 가까이나 됐다. '수업 시간에 다른 책을 본다.'는 항목에도 1988년에는 1.5%의 학생만이 '자주 그렇다.'고 답했으나, 2008년에는 13.9%로 늘었다. '숙제를 해오지 않는다.' 역시 '자주 그렇다.'는 응답이 1988년 15.0%에서 2008년 20.7%로 증가했다.

이렇듯 학생들이 학교 수업에 집중하지 않는 이유는, 학교에서 수업 시간에 배우는 내용이 이미 학원에서 배웠던 내용이기 때문이다. 학생의 절반 정도가 수업 시간에 떠들고 다른 책을 보거나, 숙제를 해오지 않을 정도로 학교 교육이 심각한 상황에 처해 있는 것이다.

이 같은 상황은 학생 개인으로 보나 국가적으로 보나 심각한 낭비가 아닐 수 없다. 이와 같은 문제를 해결할 수 있는 방법은 학교에서 몰입 수업을 실시하여 학원에 다니지 않고도 충분히 학업 성취도를 높일 수 있도록 하는 것이다.

몰입 수업을 위한 준비와 방법

학교에서 몰입 수업을 실시하기 위한 준비와 방법은 다음과 같다.

① 학교에서 배울 내용을 사전에 2번 정도 읽은 후에 수업에 참여한다.

학원에서 배우는 것과 같이 몇 번씩 반복하여 자세하게 공부하는 것이 아니라 교과서를 가볍게 읽어 어떤 내용을 배울 것인지 사전에 알도록 하기 위함이다. 전혀 모르고 있는 상태에서 수업을 듣는 것보다, 자세히는 모르지만 전체적인 흐름을 대충이라도 알면 집중력이 향상되는 효과가 있다.

② 기억력을 최대한 이용하라.

연이어 읽는 것보다 며칠간 틈을 두어 읽는 것이 장기 기억에 효과가 있다. 토요일이나 일요일에 다음 주에 배울 교과서를 모두 꺼내어 가볍게 소리 내어 읽는다. 눈으로 보는 것보다는 소리 내어 읽는 것이 속도는 느리지만, 집중력과 이해력을 향상시키는 데에 많은 도움이 된다. 다음 주에 배울 내용을 모두 읽는다고 해도 몇 시간이면 충분하다.

③ **모르는 것은 메모하라.**

주중에는 다음 날 배울 내용의 과목을 소리 내어 읽으면서 모르는 내용이 있을 경우 수업 메모 노트에 메모한다. 메모는 특별한 규칙 없이 날짜와 과목을 적고 하단에 모르는 것을 그냥 적는 방식으로 한다. 주말에 한 번 읽었던 내용이기 때문에 그다지 많은 시간이 소요되지는 않을 것이다.

④ **수업 메모 노트를 준비하라.**

학교 수업 시간이 되면 수업 메모 노트에 수업하는 내용을 메모하듯이 적는다. 전날 적어 놓았던 '모르는 내용'에 집중하여 듣고, 중요하다고 하는 내용은 자신만의 표시법으로 표시하면서 아무런 규칙 없이 메모하듯 적는다. 메모를 하면서 수업에 임하기 때문에 집중력이 향상되고, 모르는 내용을 알려고 하기 때문에 흥미를 유발시키는 효과가 있다.

⑤ **1 : 3 : 6의 원칙을 고수하라.**

10% 선행 학습, 30% Teaching 시간, 60% Learning 시간으로 활용하라. 10% 선행 학습은 주말과 주중에 다음 시간에 배울 내용을 2번

읽고, 모르는 내용을 수업 메모 노트에 메모하는 데에 사용한다. 30% Teaching 시간은 학교 수업 시간에 선생님이 가르쳐주는 시간에 활용한다. 나머지 60% Learning 시간은 노트 정리, 인터넷 강의, 문제집 풀기, 브리핑 수업, 예상 문제 만들기, 암기 등과 같이 스스로 공부하는 데에 사용한다.

몰입 수업의 효과

학교에서의 몰입 수업의 효과는 다음과 같다.

첫째, 학습 효과가 뛰어나다.

시험을 출제하는 사람은 학교 교사이다. 시험에 출제되는 중요한 내용은 반드시 수업 시간에 강조를 하게 마련이다. 수업 내용을 메모하면서 듣는 것은 기억이 오랫동안 머릿속에 남아 있도록 하는 데에 도움을 줄 뿐만 아니라 중요한 내용을 인지하는 데에도 효과가 있다. 노트 정리를 할 때 수업 메모 노트를 활용하면 수업 내용이 훨씬 쉽게 느껴진다.

둘째, 몰입하는 습관이 형성된다.

한 가지 일에 집중하면서 깊은 생각에 빠져드는 행동을 계속하다 보면, 집중하는 습관이 형성되고 집중하는 시간도 점차 길어진다. 몰입하는 습관을 생기면 혼자 집에서 공부할 때에도 몰입하면서 학습

할 수 있으며, 문제를 해결하는 데에도 많은 도움이 된다.

셋째, 학습에 자신감을 가질 수 있다.

몰입 수업은 자신이 스스로 해냈다는 성취욕을 느낄 수 있도록 하는 학습 방식이다. 학습에 대한 성취욕을 느꼈다면, 자기주도학습의 실현에 한발 더 다가선 것이다.

넷째, 시간을 효율적으로 사용할 수 있다.

몰입 수업은 학원에서의 수업보다 학습 효과가 훨씬 높기 때문에 학원을 다닐 필요성이 없어지게 된다. 학교를 마친 후, 곧바로 학원으로 달려가 밤늦게 집에 돌아오는 생활에서 벗어날 수 있기 때문에 자신만의 시간을 효율적으로 사용할 수 있다.

다섯째, 메모하는 습관이 형성된다.

메모하는 습관이 사회생활을 할 때에도 중요하다는 것은 두말할 필요가 없다.

02

되새김학습법으로
뇌의 힘을 키워주어라

학습 정보가 기억되기 위해서는 학습자가 학습한 내용에 대하여 기억하겠다는 의지가 있어야 한다. 학교 수업 내용을 기억하고야 말겠다는 의지를 가지게 하는 훈련이 바로 되새김학습법이다.

사람의 뇌는 기억하고 싶은 것만 골라서 기억한다. 사람이 시각·청각·후각·미각·촉각의 다섯 가지 감각에서 들어오는 수많은 정보들을 모두 기억한다면 뇌는 많은 혼란을 느낄 것이다. 뇌는 스스로 혼란을 느끼지 않는 선에서 정보들을 선택하여, 반드시 필요하다고 생각되는 것들만 기억한다.

기억하려는 의지가 있어야 기억되는 뇌 구조

해마는 사람의 뇌에서 사물과 사물을 연결해서 새로운 정보를 분류하기도 하고 만들어내는 역할을 한다. 해마는 대뇌피질 속에 있는 신경 세포 다발로, 해마를 닮았다고 해서 붙여진 이름이다. 해마에서 만들어진 정보는 대뇌피질 속에 거미줄처럼 뻗어 있는 수많은 신경 세포들로 이루어진 시냅스에 저장된다.

하지만 해마에서 만들어진 정보가 모두 시냅스에 저장되는 것은 아니다. 해마 옆에 붙어 감정을 담당하는 편도체가 필요 없다고 판단되는 정보를 걸러내어 시냅스에 보내는 것이다.

이러한 뇌 구조에서 학습 정보가 기억되기 위해서는 학습자가 학습한 내용에 대하여 기억하겠다는 의지가 있어야 한다. 학교 수업 내용을 기억하고야 말겠다는 의지를 가지게 하는 훈련이 바로 되새김 학습법이다.

되새김학습법은 소가 먹이를 먹은 후, 다시 위에서 꺼내 씹는 되새김질과 같이 수업 시간에 배웠던 내용을 다시 기억해 내는 학습법

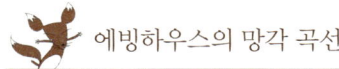
에빙하우스의 망각 곡선

인간의 기억에 대하여 연구했던 독일의 심리학자 헤르만 에빙하우스는 16년간의 연구 결과, 인간은 들었던 내용은 10분 후부터 서서히 잊기 시작하며, 1시간 뒤에는 50%, 하루 뒤에는 70%, 한 달 뒤에는 80%의 들은 내용을 잊게 된다고 하였다. 또 에빙하우스는 실험을 통해 들은 내용을 잊지 않기 위해서는 일정 시간의 범위에 분산 반복하는 것이 훨씬 더 기억에 효과적이라는 사실을 증명하였다.

에빙하우스는 복습에 있어서 그 주기가 매우 중요하다는 사실 또한 발견하였다. 10분 후에 복습하면 하루를 기억하고, 다시 하루 후에 복습하면 1주일 동안, 1주일 후에 복습하면 1달 동안, 1달 후에 복습하면 6개월 이상 기억할 수 있는 장기 기억 상태가 된다는 연구 결과를 발표하였다.

이다. 되새김학습법은 에빙하우스의 망각 곡선에서 주장하는 것과 같이 수업을 마친 후, 수업에서 무엇을 배웠는지를 생각해 보고, 중요하다고 한 내용이 어떤 것이지 머릿속으로 생각하거나 노트에 적어 보는 것이다.

쉬는 시간을 이용하여 바로 전 시간에 배운 내용을 2~3분 동안 생각해 보도록 한다. 학교를 마친 후, 그 날 배운 내용을 되새김학습 노트에 적으면서 얼마만큼 기억하고 있는지를 스스로 평가하도록 한다. 이와 같은 평가, 반성 과정을 통해, 다음 수업 시간에는 더욱 집중을 해야겠다는 의지를 다지도록 한다.

되새김학습법은 장기 기억을 유도한다

사람의 기억은 사람이 보거나 들은 내용을 몇 초에서 몇 분간 보관하는 1차 기억 또는 단기 기억, 대뇌의 기억 창고 속에 들어와 몇 분에서 몇 개월까지 보관하는 2차 기억 또는 장기 기억, 반복적인 교육을 통한 정보 축적에 의해 몇 개월에서 수십 년까지 오래 기억하는 3차 기억 또는 영구 기억으로 구분한다. 학자에 따라서는 단기 기억과 장기 기억으로만 구분하는 사람도 있다.

필자가 교육 현장에서 아이들에게 되새김학습법을 적용해 본 결

되새김학습노트

날짜 :　　년　　월　　일(　요일)

교시/시간	과목	학교에서 배운 내용 적기
1교시 : ~ :		
2교시		
3교시 : ~ :		
4교시 : ~ :		
5교시 : ~ :		
6교시 : ~ :		
오늘 계획한 일을 실천한 내용 적기		
내일 해야 할 일 계획 내용 적기		

※ 스스로 평가 : ◐ 불만, ◐ 보통, ◐ 만족, ● 대만족

▲되새김학습노트의 예

과 적극적인 자세로 성의 있게 작성하는 아이는 조금씩 변하는 모습이 보이지만, 적당히 작성하거나 거짓으로 작성하는 아이는 변하는 모습이 보이지 않는다는 것을 발견하였다. 아이가 되새김학습노트를 적당히 작성하는 경우에는 지속적인 상담을 통해 성실하게 작성할 수 있도록 지도해야 한다.

 되새김학습법의 효과

① 많은 시간이 소요되지 않으면서, 학습 효과가 좋다.
② 학습 내용을 오랫동안 기억하려는 습관과 생각하는 습관을 형성할 수 있다.
③ 자신의 학습 태도를 점검하면서 스스로 반성하여 수업의 집중도를 높일 수 있다.

03
자기주도형 공부를 완성하는 학습법 3단계

올바른 학습법이란 무엇이며, 어떠한 공부 습관을 가져야 하는지에 대해 알아보자. 학기 중에 시간의 흐름에 따라 공부하는 방법은 3단계로 나눌 수 있다. 1단계는 개념학습 단계, 2단계는 문제적응 단계, 3단계는 시험준비 단계이다.

반에서 1등하는 친구와 5등하는 친구의 차이점은 무엇일까? 공부하는 시간의 양, 집중력, 승부욕, 지구력, 이해력 등에도 차이가 있을 수 있겠지만 가장 큰 차이는 공부 습관의 차이라 할 수 있다.

1등하는 친구가 공부를 더 많이 해서 그렇다고 생각이 들겠지만, 1등하는 친구는 5등하는 친구보다 더 적은 시간을 공부하는 경우가 많다. 중요한 것은 1등하는 친구는 자신에게 맞는 공부 방법과 학습도구를 사용하여 효율적으로 공부를 하지만, 5등하는 친구는 무작정 열심히만 한다는 사실이다.

흔히 공부하라고 하면, 문제집으로 문제만 푸는 친구들이 많이 있다. 이러한 친구들은 처음에는 성적이 오르다가, 어느 한계점에 도달하면 공부시간을 늘려도 더 이상 성적이 오르지 않는다.

올바른 학습법이란 무엇이며, 어떠한 공부 습관을 가져야 하는지에 대해 알아보자. 학기 중에 시간의 흐름에 따라 공부하는 방법은 3단계로 나눌 수 있다. 1단계는 개념학습 단계, 2단계는 문제적응 단계, 3단계는 시험준비 단계이다.

이와 같은 공부 단계를 무시하고, 문제풀이만 계속한다면 개념을 정확하게 모르기 때문에 문제유형이 조금만 바뀌거나 원리를 묻는 문제가 출제되었을 경우 답을 적기가 힘들어진다. 요즘 시험에서는 서술형 문제나 원리를 증명하는 문제가 많이 출제되고 있기 때문에 개념학습은 반드시 필요하다.

올바른 학습법 3단계

1단계 개념학습 단계

① 개요

개념학습은 교과서를 분석하는 학습이다. 교과서는 모든 학습의 기본이며 교과서보다 좋은 학습 교재는 없다. 모든 문제는 교과서 내용을 응용하거나 유추하여 만든 것이기 때문이다.

② 방법 및 시행 시기

수업 시간 전에 교과서를 2번 읽어 전체적인 내용을 파악하는 예습(선행 학습) 후, 학교에서 메모 노트를 이용하여 몰입 수업을 한다. 몰입 수업을 하면서 중요한 내용을 적은 메모 노트와 교과서를 보면서 주요 내용을 과목별 핵심 노트에 정리한다. 그 날 배운 과목은 그 날에 반드시 공부한다. 핵심 노트를 정리하는 시기가 늦을수록 수업 시간에 배운 내용을 점차 잊어버리기 때문에 노트를 정리하는 데에 더 많은 시간이 소요된다.

핵심 노트는 다시 한 번 교과서를 정독하면서 전체적인 내용과 상관관계, 흐름도 등을 파악하면서 작성한다. 메모 노트에 중요하다고 적힌 내용은 핵심 노트에 반드시 표시하도록 하며, 이해가 안 되는 부분은 표시만 해두고 넘어간다. 앞으로 이해할 수 있는 기회가 충분히 있기 때문에 이해하기 위해서 많은 시간을 소비하면 지칠 우려가 있다.

③ 핵심 노트 작성법

핵심 노트는 자기만이 가지고 있는 보물이라고 생각하면서 정성껏 정리한다. 자신이 생각하는 중요한 것과 선생님이 생각하는 것과는 차이가 날 수 있기 때문에 노트에 추가하여 적을 수 있도록 소단원별로 1페이지씩 적으며, 노트의 세로를 3분의 2 정도 접어, 그 부분에만 검은색 볼펜을 이용하여 적고, 나머지 3분의 1 정도는 나중에 추가 내용을 적을 수 있는 공간으로 남겨 둔다.

④ 핵심 내용 보완

수업 진도에서 중단원이 끝나면, 핵심 노트를 작성하고, 몰랐던 내용을 보완하기 위하여 인터넷 강의를 듣는다. 인터넷 강의는 학교 진도 차이 조절과 학습 이해도를 높이기 위해 매일 듣기보다는 중단원별로 듣는다. 인터넷 강의를 들으면서 적을 때에는 청색 볼펜을 사용하여 자신이 몰랐던 것과 선생님이 중요하다고 가르치는 것을 구분하면서 듣는다.

학교 수업 전에 배울 내용을 2번 읽으며 전체적인 흐름을 파악한 후에 학교에서 몰입 수업을 하면 개념은 70~80% 정도 파악된다. 학습 내용을 핵심 노트에 정리하면서 아는 것과 모르는 것으로 구분하고, 인터넷 강의를 들으면서 몰랐던 20~30%를 보완한다. 모르는 부분은 인터넷 강의를 반복하여 듣거나, 게시판에 질문을 올리는 등의 방법을 통하여 해결한다. 이러한 공부 방법으로 꾸준히 한다면 학원에 가는 시간의 절반만 투자하여도 그 효과는 충분히 발휘될 수 있다.

2단계 문제적응 단계

① 개요

수학에서 문제적응 단계는 교과서 이외의 다양한 문제를 다루기 위한 학습이다. 암기 과목에서는 교과서 내용만으로는 문제 출제 방향을 가늠하기가 쉽지 않기 때문에 문제를 풀면서 문제가 출제되는 방향과 내용들과의 연관성 및 흐름에 대한 출제 경향을 파악해야 한다.

② 방법 및 시행 시기

문제적응 단계는 각 단원이나 각 과가 끝날 때마다 실시하는 것으로, 자신이 가지고 있는 문제집을 이용하며, 암기 과목은 핵심 노트의 내용을 암기한 후에 문제를 풀어본다. 문제를 풀어보고, 스스로 채점하면서 몰랐던 내용은 청색 볼펜을 이용하여 핵심 노트에 추가하여 적는다.

③ 오답 노트 작성법

한 번 틀린 문제는 계속 틀리는 경우가 많기 때문에 오답 노트를 이용한다. 유사한 문제가 틀리는 경우에는 다시 적는 것보다는 기존 문제에 추가하여 적도록 하며 틀린 이유를 적어 다시는 틀리지 않도록 한다.

3단계 시험준비 단계

① 개요

이 단계에서는 심도 있는 학습이 필요하다. 기출 문제, 예상 문제를 많이 다루면서 완전 학습을 하기 위한 과정이다.

② 방법 및 시행 시기

시험 3주 전부터 핵심 노트, 오답 노트를 본 후, 암기할 것은 완벽하게 외운 다음에 다양한 기출 문제나 예상 문제들을 접해 보는 것이 좋다. 학교에서 시험 보듯이 시간을 재고, 스스로 채점하여 틀린 문제는 오답 노트에 적는다. 인터넷 강의를 실시하는 회사에서 제공하는 기출 문제나 예상 문제를 최대한 이용하는 것도 좋은 방법이다.

시험 전날에는 핵심 노트, 오답 노트, 교과서를 보면서 최종 정리를 한다. 암기할 것은 암기하였는지 확인하고, Weak Point(취약 부분)

를 점검한다.

③ 나만의 예상 문제 만들기

시험보기 1주일 전 정도이면 선생님이 중요하다고 한 내용을 인지하고 있고, 많은 기출 문제와 예상 문제를 다루어보았기 때문에 시험에 나올 수 있는 예상 문제들을 스스로 파악할 수 있다. '나만의 예상 문제'를 만들어 적중률이 어느 정도인지 테스트해 본다.

04
1등을 만드는 '나만의 공부 무기'를 갖게 하라

공부를 잘하고 못하고는 '주어진 똑같은 시간을 어떻게 이용하는가?'에 달려 있다. 학습 도구들은 학습에 도움을 주는 것은 물론 시간을 효율적으로 활용하는 데에도 도움을 준다. 군인이 총을 잘 다루어야 하듯이, 학생 또한 학습 도구들을 잘 다루어야 한다.

군인이 전쟁에 나가 잘 싸우기 위해서는 전투에 필요한 각종 무기를 잘 다루어야 한다. 아울러 전쟁에서 승리하기 위해서는 적절한 전략과 전술이 있어야 한다. 공부도 이와 마찬가지이다. 학생이 공부를 잘하기 위해서는 공부에 필요한 도구를 잘 사용하는 것은 물론 공부를 잘할 수 있는 전략과 전술(학습법)이 마련되어 있어야 한다.

대부분 많은 아이들은 교과서나 문제집 이외의 학습 도구는 거의 사용하지 않는다. 공부를 잘하기 위해서는 자신만의 공부 무기를 가지고 있어야 한다.

1등으로 만드는 '나만의 공부 무기'

1등으로 만드는 '나만의 공부 무기'에는 어떠한 것들이 있을까?

- 이해가 쏙쏙 잘 되도록 설명을 잘해 주는 '인터넷 강의 사이트'
- 학교에서 몰입 수업에 필요한 '수업 메모 노트(연습장) 1권'
- 매일 작성하여 두뇌를 활성화시켜 주는 '되새김자기조절 1권'
- 중요한 내용을 과목별로 정리할 '핵심 노트 여러 권(주요 과목별)'
- 자주 틀리는 문제를 적은 '오답 노트 1권(과목 통합)'
- 적중 문제 100%에 도전하는 '나만의 예상 문제지 1권(과목 통합)'
- 나의 포켓 귀염둥이 '암기 카드 1종'

꼴찌는 핵심 노트와 암기 카드가 없다

1등으로 만드는 '나만의 공부 무기'에서 추가로 몇 가지만 설명한다.

첫째, 컴퓨터는 약인가? 독인가?

컴퓨터에서의 인터넷은 다양한 정보를 제공하고, 학습 도구로 활용할 수 있으며, 사람들과의 관계를 통해 사회성을 간접 경험할 수 있는 등 다양하게 활용된다. 하지만, 인터넷을 잘못 사용했을 경우에는 때는 음란물 노출, 폭력성 가중, 가족과의 갈등, 시간 낭비, 성적저하, 무기력 증상, 가상공간에의 몰입 등과 같은 여러 가지 문제점에 노출될 수 있다. 컴퓨터는 어떻게 사용하는가에 따라 아이들에게 도움이 될 수 있고, 해가 될 수도 있다.

아이들의 인터넷 중독 현상은 대부분 부모의 방치가 빚은 결과라 생각한다. 부모가 컴퓨터를 잘 다루지 못할 경우, 아이들이 컴퓨터를 독점하게 된다. 아이들이 컴퓨터로 무엇을 했는지 알 방법이 없다. 컴퓨터를 부모와 공동으로 사용한다면, 아이들은 컴퓨터에 음란물과 게임을 설치할 수 없을 것이다.

다음으로 중요한 것은 컴퓨터에 대한 인식이다. 부모가 컴퓨터를 게임하는 데에만 사용한다면 아이의 머릿속에는 '컴퓨터는 게임을 하는 기계'라는 인식을 가지게 될 것이고, 부모가 컴퓨터를 건전하게 사용하는 모습을 보여주면 아이는 이를 본받아 컴퓨터를 바람직한 용도로 잘 활용하게 될 것이다.

둘째, 꼴찌는 노트 정리를 하지 않는다.

1등하는 아이는 많은 노트를 사용한다. 쉽게 잊어버리는 뇌의 기능을 보완하는 것이 노트의 역할이다. 즉, 노트는 모든 것을 기억할 수 없는 뇌의 한계성을 지원해주는 보조 기억 장치이다. 보조 기억 장치는 선생님이 시험에 나온다고 강조하는 내용, 자주 틀리는 문제 등을 정리하는 데에 활용한다.

많은 아이들은 학습한 내용을 잘 기억하지 못하면서 마치 모든 것을 기억하는 것처럼 착각하여 보조 기억 장치 없이 공부하려고 한다.

처음에 귀찮다고 생각하여 노트 정리를 하지 않으면 시험이 다가올수록 시험 준비에 많은 시간이 계속 소요된다. 하지만, 차분하게 원칙을 지키면서 노트 정리를 한다면 시험이 다가올수록 느슨한 마음으로 대비할 수 있다. 1등 하려면 반드시 원칙을 가지고 노트 정리를 하여야 한다.

셋째, 암기 카드는 나의 분신이다.

공부가 재미없고 어렵다고 생각하는 이유는 암기하기가 싫기 때문이다. 학습 내용을 듣고 이해를 했다면, 이해한 것만으로 끝을 맺어서는 안 된다. 과정이나 결과에 대하여 암기할 것이 있으면, 이 또한 암기를 해야 비로소 해당 부분의 학습이 완료된 것이다.

그러나 많은 아이들이 이해만 하고 암기하지 않아 쉽게 잊어버린다. 잊은 상태에서 그 내용을 다시 이해하는 행위를 계속 반복하고 있는 것이다. 이 때 이해한 학습 내용을 암기하는 데에 도움을 주는 것이 바로 암기 카드이다. 매일 자투리 시간 20분을 암기하는데 투자한다면 학교 수업이 재미있다는 것을 느끼게 것이다.

공부를 잘하고 못하고는 '주어진 똑같은 시간을 어떻게 이용하는가?'에 달려 있다. 학습 도구들은 학습에 도움을 주는 것은 물론 시간을 효율적으로 활용하는 데에도 도움을 준다. 군인이 총을 잘 다루어야 하듯이, 학생 또한 학습 도구들을 잘 다루어야 한다.

전교 1등 아이는 최고의 학습 환경에서 나온다

평상시 공부를 하기 위해 책상 앞에 앉았을 경우 뇌파는 베타파인 상태이다. 베타파인 뇌파를 집중이 잘되는 알파파로 바뀌도록 하기 위해서는 잡념을 가지지 않고 공부하겠다는 마음을 가지고 몇 분이 지나야 한다.

옛날에는 형제는 많고 방의 수가 적었기 때문에 다락방에서 생활하는 사람들이 많았다. 다락방은 오르내리기가 불편하고, 앉거나 누울 수 밖에 없을 정도로 천장이 낮았지만 형제들에게는 가장 인기가 좋은 장소였다.

작은 창문 앞에는 앉은뱅이 책상과 책꽂이, 한 옆에는 이불이 개어져 있고, 벽에는 교복이 걸려있는 비좁은 다락방이지만, 나름대로 집중이 잘되어 밤늦게까지 공부를 할 수 있었다.

높은 다락방은 담장 너머 친구 집의 창문이 보이고, 시험 기간이 되면 친구가 언제까지 공부를 하는지도 확인할 수 있었다. 말하자면 다락방은 마음속으로 친구와 경쟁하며, 공부를 하던 자신만의 공간이었던 셈이다.

정신과 전문의들이 말하는 '학습에 영향을 주는 긍정적 요인 6가지'

첫째, 신체적 요인으로, 학생의 체력과 영양 상태가 좋아야 한다.
둘째, 심리적 요인으로, 학습 동기, 자신감, 학습 태도를 가지는 것이다.
셋째, 환경적인 요인으로, 부모, 친구, 형제, 교사와의 관계에서 형성되는 정서적 환경과 공부방이나 집안 환경이 양호해야 한다.
넷째, 두뇌 요인으로, 학습 정보를 받아들이고, 처리하고, 표현할 수 있는 능력을 가지고 있어야 한다.
다섯째, 학습 기술 요인으로, 공부를 효율적으로 할 수 있는 다양한 공부 기술을 가지고 있어야 한다.
여섯째, 교과 특성 요인으로, 교과 내용에 대한 지식 수준을 가지고 있어야 한다.

이 중에서 한 가지라도 부족한 것이 있으면 학습에 부정적인 영향을 미친다고 한다.

공부를 하는 공부방의 환경은 다락방과 같이 학습 분위기를 형성하는 데 중요한 역할을 한다. 주변 환경이 시끄러워 집중이 안 되거나, 창문이 없기 때문에 공기가 탁하여 맑은 머리를 유지할 수 없거나, 방 안 공기가 너무 따뜻하여 졸린다면 공부가 제대로 될 리가 없다.

최적의 학습 환경 만들기 여섯 가지

일단 책상 앞에 앉으면 공부를 하여야겠다는 의욕이 생기고, 장시간 앉아 있을 수 있어야 한다. 이러한 학습 환경을 만드는 방법은 다음과 같다.

첫째, 책상과 친해지자.

초등 저학년부터 공부는 반드시 책상에서 하는 것이라는 인식을 갖도록 해야 한다. 책을 엎드려서 읽거나 침대 위에서 읽는다면 눈도 나빠질 뿐만 아니라, 나중에 책상 앞에 앉지 않으려는 습관이 만들어진다. 공부를 잘하기 위해서는 책상과 친해져야 한다.

둘째, 복식 호흡을 통해 집중력을 갖자.

심한 운동을 한 후나 화가 난 상태에서 책상 앞에 앉았을 때에 공부가 안 되는 것은 당연하다. 시간이 지나면 서서히 안정된 상태로 바뀌는데, 이는 우리 뇌신경 사이에 신호가 전달될 때 생기는 전기 흐름인 뇌파의 활동이 서서히 느려지기 때문이다.

우리의 뇌파에는 불안하거나 흥분상태에서 나오는 감마파, 일상생활에서의 마음 상태에서 나오는 베타파, 음악을 듣거나 명상하는 편안한 마음의 집중 상태에서 나오는 알파파, 그리고 이 알파파보다 더 의식이 이완되어 슬며시 졸음이 올 듯 느긋해질 때 나오는 세타파, 깊은 수면을 취할 때 나오는 델타파의 5가지로 구분할 수 있다.

평상시 공부를 하기 위해 책상 앞에 앉았을 경우 뇌파는 베타파인 상태이다. 베타파인 뇌파를 집중이 잘되는 알파파로 바뀌도록 하기 위해서는 잡념을 갖지 않고 공부하겠다는 마음으로 몇 분이 지나야 한다. 그러므로 의도적으로 빠르게 알파파로 바뀌게 할 필요가 있다.

다섯 번 정도의 복식 호흡을 하면 공부할 수 있는 알파파가 나온다. 복식 호흡을 하는 방법은 다음과 같다. 먼저 눈을 감은 상태에서

허리를 반듯하게 펴고 의자와 등이 한 주먹정도 떨어지게 앉는다. 그런 다음 두 손을 가지런히 배꼽 위에 모아 놓고, 입을 다문 상태에서 코로 아랫배에 공기를 넣는다는 생각으로 숨을 들어 쉰다. 그러면 아랫배는 공기로 인해 볼록해진다. 3초 동안 숨을 참은 후, 입으로 서서히 내쉰다. 공부를 시작하기 전에 반드시 복식 호흡을 하는 습관을 갖도록 하자.

셋째, 발바닥이 방바닥에 닿게 하라.

아이가 오랫동안 공부할 수 있고 집중도를 높이기 위해서는 발바닥의 전부가 방바닥에 닿은 상태에서 공부하도록 한다. 의자가 높아 다리를 흔들거나, 의자가 낮아 허벅지가 수평이 되지 않으면 쉽게 피로하고 집중력이 떨어진다. 책상 높이나 의자 높이를 조절하기 어려우면 발 받침대를 이용하여 발바닥의 전부가 바닥에 닿도록 한다.

넷째, 집중력을 가질 수 있는 조명을 준비하자.

공부방의 조명도 중요한 요소이다. 스탠드만 켜 놓고 공부하면 눈이 나빠질 염려가 있으므로, 방 전체에 불을 켜고 스탠드를 함께 사용하면 시력을 보호할 수 있고 집중도 잘된다.

다섯째, 책상 위는 항상 깨끗이 한다.

책상 위에는 가지런히 놓여있는 필기 도구와 스탠드 이외는 어떠한 것도 놓여 있지 않아야 한다. 항상 깨끗한 상태가 유지되어야만 공부할 분위기가 조성된다. 책상 위가 지저분한 경우, 책상을 정리하느라 시간을 다 소비하고 막상 공부하려면 힘을 빠져 공부가 되지 않는다. 그날 공부가 끝나면 책상정리를 하는 습관을 가지도록 한다.

여섯째, 책상 앞에는 나만의 꿈의 공간으로 만든다.

책상 앞의 벽면에는 '나의 목표'와 '자아 평가서'만 붙어 있도록 한다. '나의 목표'는 장기 목표와 단기 학습 목표를 작성하여 붙이고, 매일 자신의 행동을 스스로 평가할 수 있는 '자아 평가서'도 함께 붙여 놓아 항상 눈에 들어오도록 한다.

공부하는 환경은 다른 사람이 만들어 주는 것이 아니라, 스스로 만들어 나가는 것이다. 자신이 좋아하는 환경을 만들어 학습 집중도를 높이도록 한다.

06

인터넷 강의를 200% 활용하라

학원을 다니지 않고, 인터넷 강의만 듣는다고 해도, 학원 다니는 것보다 더 효율적인 공부를 할 수 있다. 인터넷 강의만 들으면서 최상위권 성적을 유지하는 아이들이 많은 것이 이를 증명한다.

학원에 다니는 이유는 무엇일까? 모르는 것을 배우기 위하여 다니는 것보다는 학원을 다니지 않으면 다른 아이들에게 뒤처진다는 생각이 들기 때문이다. 또 혼자서는 공부가 되지 않기 때문에 학원에 다닌다는 아이도 많다. 심지어는 학원을 보내야 마음이 편하다는 부모도 있다. 이 모든 것이 학원에 가는 습관이 형성되었기 때문이다.

스스로 공부하는 습관을 가져야 아이의 미래가 보인다

나쁜 습관을 버리기 위해서는 과감한 결단이 필요하다. 학원가는 습관을 버리고, 혼자서 공부하는 습관을 가져야 하는 이유는 다음과 같다.

첫째, 학습의 비효율성에 있다.

배우는 시간과 스스로 익히는 시간은 개념학습 단계에서는 6:4, 문제적응 단계에서는 2:8, 시험준비 단계에서는 1:9로 전체적인 비율은 3:7 이어야 한다. 배우는 시간보다는 학습자 스스로 익히는 시간이 두 배 이상 많아야 한다는 것을 앞에서 언급하였다.

학교를 마치자마자 학원으로 직행하여 밤늦게 귀가하는 아이들은 배우는 시간만 있을 뿐, 스스로 익히는 시간이 없는 셈이다. 배우는 것만 가지고 자신의 것으로 만들 수 있을까? 스스로 익히는 과정이 없다면 자신의 것으로 만들 수 없기 때문에 학원들은 반복적인 수업을 통해 억지로 아이들의 머릿속에 집어넣는다.

성적이 보통인 학생들의 학원 진도를 보면, 방학 때 다음 학기 선행 학습, 학기 초의 학습, 시험 기간 등 같은 내용을 4~5번 반복 수업을 한다. 그럼에도 불구하고 만점이 나오지 않는 이유는 배우는 것만으로는 자신의 것이 만들 수 없기 때문이다.

또 수준별로 반 편성을 하여 수업한다고는 하지만, 많은 아이들과 같이 수업을 받기 때문에 자신이 모르는 내용만 듣는 것이 아니라, 아는 내용도 들을 수밖에 없다. 학원은 수강료를 받고 아이들을 가르치기 때문에 모르는 아이는 이해할 때까지 가르쳐야 한다. 반 정원 20명 중에서 1~2명이 모른다면 남아서 보충 지도를 하겠지만, 4~5명이 모른다면 다시 설명을 해야 한다. 나머지 아이들은 아는 내용을 다시 들을 수밖에 없는 비효율적인 구조를 가지고 있다.

이와 같이 학원 수업 시간에서 개념학습 강의에서는 30~40% 정도, 문제풀이 강의에서는 60~70% 정도, 시험대비 강의에서는 80~90% 정도 자신이 아는 내용을 반복하여 듣고, 아는 문제를 계속하여 푸는 시간이라고 해도 과언은 아니다.

학습 내용 파악 정도를 4가지로 구분한다면, 완전하게 모르는 내용, 조금은 아는데 확실하게 알지 못하는 내용, 1~2번 풀어서 아는데 장기 기억 상태가 아닌 내용, 완전하게 알면서 장기 기억 상태의 내용으로 구분할 수 있다. 모르는 내용과 확실하게 알지 못하는 내용을 집중적으로 공부하여야 하고, 장기 기억 상태가 아닌 내용은 시간 차를 두어 한 두 번만 다시 보면 된다.

많은 아이들을 지도하여야 하는 학원에서는 수업하는 시간이 많은 것에 비하여 개인별 학습 효율성이 떨어지는 구조를 가질 수밖에 없다. 그러므로 아이들이 학원에 가서 많은 양을 공부하지만 성적이 정체되는 현상이 나타나는 것이다.

둘째, 생각하기를 싫어하고 의타심이 생긴다.

자신들의 자녀를 수강료가 비싼 학원에 보내는 것만으로 부모의 역할을 충실하게 하고 있다고 생각하는 부모들이 의외로 많다. 좋은 학원을 보내기 위하여 학부모들끼리 정보를 교환하고, 맞벌이 부부에게는 힘들게 얻은 정보들을 그냥 가르쳐줄 수 없다며, 왕따를 시킨다는 이야기도 들었다.

"아이가 학원에서 돌아왔을 때 문제를 풀도록 하기 위해서, 웹서핑을 하면서 각종 문제들을 출력시켜 놓아요."

"그래요? 나는 시간이 없어서 그렇게 못해 주는데…, 부럽네요."

이와 같은 대화를 들으면서 비록 필자가 학원을 운영하고는 있지만, '우리나라 엄마들의 자식에 대한 교육열은 어디까지 갈 것인가?', '그렇게 모든 것을 다 해주면, 나중에 아이가 혼자서 인생을 개척해 나갈 수 있을까?', '언제까지 부모가 아이의 교육에 관여할 수 있을까?' 하는 걱정이 앞선다.

학원에서는 문제를 빨리 푸는 아이와 천천히 푸는 아이들이 함께 공부한다. 강사는 어느 정도 시간을 준 후, "다했니? 빨리 빨리 풀어." 하면서 아이들을 채근한다. 다음 진도를 나가기 위해서다. '빨리 빨리'에 익숙한 아이들은 모르는 문제가 나왔을 경우 스스로 풀어 보아야겠다는 생각을 하기보다는 손만 들면, 선생님이 곁에 와서 친절하게 가르쳐 준다. 모르는 문제를 손쉽게 해결한다. 과연 이러한 환경에 놓여 있는 아이들이 혼자서도 공부를 할 수 있을까?

셋째, 자기조절 능력이 떨어진다.

자기조절 능력은 해야 할 일과 하지 말아야 할 일, 중요한 일과 중요하지 않는 일, 먼저 해야 할 일과 천천히 해도 될 일 등을 판단하여 행동으로 옮기는 능력이다.

살다 보면 여러 가지 일 중에서 우선순위를 정해야 할 때가 있다.

자기조절 능력은 시간을 효율적으로 사용할 수 있는 시간조절능력과 유혹을 극복할 수 있는 행동조절능력에서 나온다. 지금의 아이들은 학원에서 보내는 시간이 많기 때문에 시간을 조절할 필요가 없고, 학원에서 시키는 대로 쫓아가기만 하면 되기 때문에 행동을 조절할 필요가 없다. 자기조절 능력이 떨어지면 성인이 되어도 '다 큰 아이'일 수밖에 없는 것이다.

쉽게 얻은 것은 쉽게 없어진다

만약 한 아빠가 '저 장난감을 사 주면, 지능도 발달하고 아이가 좋아하겠지?'하는 생각으로 장난감을 사다 주었다고 가정해 보자. 아이는 장난감을 가지게 되어 기분이 좋지만, 장난감의 귀중함은 모르기 때문에 함부로 가지고 놀다가 싫증나면 아무 생각 없이 팽개친다.

   반대로 아이가 친구들이 가지고 있는 장난감을 보고, 아빠에게 사 달라고 하였을 때 "가지고 싶은 것이 있으면, 너의 용돈을 모아서 사라."라고 가정해 보자. 그 후 아이가 용돈을 모아 장난감을 샀다고 한다면, 아이는 그 장난감의 귀중함을 알고 애지중지할 것이며, 놀다가 싫증나도 버리지 않고 따로 보관해 놓을 것이다.

   쉽게 얻어진 것들은 쉽게 없어진다는 기본적인 원리를 망각해서는 안 된다. 공부 또한 마찬가지이다. 쉽게 기억된 내용은 쉽게 잊어버리고, 어렵게 기억된 내용은 쉽게 잊어버리지 않는다.

학원이나 과외로 성적을 올릴 수 있는 시기는 초등학교와 중학교까지다

학원을 다니지 않고 인터넷 강의만 듣는다고 해도 학원 다니는 것보다 더 효율적인 공부를 할 수 있다. 인터넷 강의만 들으면서 최상위권 성적을 유지하는 아이들이 많은 것이 이를 증명한다.

자신이 스스로 공부하겠다는 의지와 이 책에서 소개하는 학습법과 함께 인터넷 강의를 학습 도구로 사용한다면, 단순히 인터넷 강의만 듣는 것보다 몇 배의 학습 효과를 거둘 수 있다.

지방자체단체에서 운영하는 무료 인터넷 강의도 있고, 가격도 저렴하면서 수준 높은 강사로 구성된 인터넷 강의도 많다. 인터넷 강의의 장점을 보면 다음과 같다.

첫째, 효율적인 학습이 가능하다.

학원을 오가는 시간적 낭비가 없으며, 모르는 내용을 반복하여 들을 수 있거나, 모르는 부분만 선택하여 들을 수 있어 효율적인 학습이 가능하다. 또, 자신의 능력에 따라 빠르게 강의를 듣거나, 천천히 들을 수도 있다. 그리고 공부가 잘되는 시간을 선택하여 공부할 수 있다.

둘째, 경제적이다.

비싼 학원비는 가정 경제에 적지 않은 부담을 준다. 인터넷 강의는 무료로 이용할 수도 있지만, 좀 더 나은 서비스를 받고 싶다면 유료 인터넷 강의를 이용할 수도 있다. 학원비의 5분의 1 수준이면 충분히 이용할 수 있다.

셋째, 수준 높은 강의를 들을 수 있다.

인터넷 강의를 진행하는 사람들은 어느 정도 검증된 강사들이다. 즉 강의의 질이 높기 때문에 수준 높은 강의를 들을 수 있다. 자신이 강의하는 모습이 녹화된 데이터는 영원히 남기 때문에 최선을 다해 강의한다.

넷째, 능력별 수준별 학습이 가능하다.

능력별로 자신의 학년보다 낮은 학년 또는 높은 학년의 강의를 원하는대로 들을 수 있다.

대부분의 교육 전문가들은 학원이나 과외를 통해 성적을 올릴 수 있는 시기는 초등학교와 중학교까지라고 말한다. 정작 대학 입학의 중요한 시기인 고등학교의 공부는 '아이가 스스로 공부할 수 있는 능력을 얼마나 가지고 있는가?'에 따라 성적이 판가름 나는 것이다. 비싼 학원비를 내고 '학원에 가는 습관'을 키우지 말고, 아이가 스스로 공부할 수 있는 힘을 키워 '혼자서 공부하는 습관'을 만들어 주는 것이 아이들의 미래를 더 밝게 만들 것이다.

07

1등 하는 아이의 공부법

공부를 잘하는 아이들은 자투리 시간을 잘 활용한다. 방금 전에 배웠던 내용을 기억하기 위해 암기 카드를 손안에 숨겨 잠깐씩 카드를 보면서 무언가를 외운다.

공부를 잘하는 아이들은 자신만의 공부 비법을 가지고 있다. 아이가 자신만의 공부 비법을 가지고 있지 않다면, 공부를 잘 할 수 있는 중요한 조건을 갖추고 있지 않은 셈이다.

1등 공부 비법 다섯 가지

공부 비법은 학습의 효율성을 높이기 위한 것으로 자신의 성격이나 특성에 맞도록 스스로 개발하여야 한다. 학습 효율성이 높은 공부 비법을 소개하면 다음과 같다.

첫째, 브리핑 수업으로 학습의 완성도를 높이자.

브리핑 수업은 '학습에 대한 내용을 간추려 설명하는 학습 형태'이다. 자신이 알고 있는 내용을 친구들 앞에서 할 수 있는 집단 브리핑 수업과 집에서 혼자서 할 수 있는 단독 브리핑 수업으로 나뉜다.

어떠한 내용을 설명하기 위해서는 자신이 완벽하게 이해하고 있어야만 상대방을 이해시키거나 설득할 수 있다. 정리되지 않은 학습 내용은 다른 사람에게 설명하는 과정에서 정리가 된다.

또 학습 내용을 단순히 눈으로 암기하는 것보다는 쓰거나 소리내어 외우는 것이 더 잘 외워진다는 것은 누구나 경험을 통해 알고 있다. 브리핑 수업은 교사가 학생들을 가르치듯이 제스처를 사용하거나 소리내어 설명한다. 이 같은 학습법은 학습에 대한 완성도를 높이는 데에 도움을 준다.

시험을 앞둔 상태에서는 집단 브리핑보다는 단독 브리핑 수업을 하는 것이 좋다. 아무도 없는 공부방에서 인형을 대상으로 할 수도 있고, 사진 속의 인물을 대상으로 할 수도 있다.

"오늘은 피타고라스정리에 대하여 설명해 보자. 피타고라스가 삼각형에서 빗변 길이의 제곱은 남은 두변 길이의 제곱의 합과 같은 삼각형을 직각삼각형이라고 증명했어."

"중요한 것은 피타고라스정리에 대한 증명을 할 수 있어야 해. 증명하는 방법은 2가지가 있는데…"와 같이 자신이 교사가 되어 설명한다. 이와 같은 학습은 집중도가 높으며, 복잡한 학습 내용을 정리하고자 할 때나 전체적인 개념파악이 필요할 때 사용하면 좋다.

둘째, 스톱워치 학습법으로 학습 효율성과 집중도를 높이자.

학습할 때 주어진 시간이 있는 것과 주어진 시간이 없는 것과는 집중도에 있어 차이가 많이 난다. 2분간 시간을 주면서 영어단어 10개를 외우게 한 후, 시험을 보겠다고 하면 아이들은 높은 집중력을 가지고 외운다. 하지만, 주어진 시간 없이 "외우세요. 모두 외운 후에 시험을 봅니다."라고 교사가 말한 후, 2분 후에 "다 외웠어요?"라고 한다면, 시간을 더 달라고 아우성일 것이다. 두 가지 방법 모두 똑같이 5분 후에 시험 보면 같은 점수가 나오더라도 학습 효율성은 2.5배 정도 차이가 난다.

스톱워치 학습법은 암기하거나 문제를 풀 때, 학습자가 시간을 정해 놓고 학습을 하는 것을 말한다.

셋째, 자투리 시간을 최대한 활용하라.

하루의 일과 중에는 자투리 시간이 많이 있다. 아침에 일어나 화장실에서 가만히 앉아 있는 시간, 등·하교를 위해 걸어가거나 버스나 지하철을 타고 이동하는 시간, 조례나 종례를 기다리는 시간, 쉬는 시간, 점심 먹고 오후 수업을 기다리고 있는 시간, 식사를 기다리는 시간 등 많은 자투리시간을 아무런 생각 없이 보내는 경우가 많다.

공부를 잘하는 아이들은 자투리 시간을 잘 활용한다. 방금 전에 배웠던 내용을 기억하기 위해 암기 카드를 손안에 숨겨 잠깐씩 카드를 보면서 무언가를 외운다.

한꺼번에 암기하기 보다는 자투리 시간을 이용하여 조금씩 한다면, 공부에 대한 부담감은 훨씬 줄어들게 된다.

넷째, 5독학습법으로 장기 기억을 시켜라.

학습 내용을 장기 기억으로 만들고 싶을 때는 5일 동안 외우거나 본 후, 시간적인 틈을 두면서 4번을 더 보는 것이다.

어떤 내용을 오늘 외운 다음, 계속 4일간 더 외운 것을 본다. 이후, 1주일 후에, 2주 후에, 4주 후에, 8주(2달) 후에 외운 내용을 시간차를 두면서 4번을 더 보면, 이 내용은 장기 기억 상태가 된다.

이렇게 많이 암기하거나 본다고 해서 많은 시간이 소요되는 것이 아니다. 첫 날 암기하거나 보는데, 10분이 소요되었다면, 다음 날 전날 암기한 내용을 다시 보는 데는 절반인 5분이 소요된다. 또 다음 날에는 그 절반인 2.5분이 소요된다. 이렇게 4번을 더 본다고 해도 소요되는 시간은 10분 정도에 불과하다.

이렇게 처음 5일간 계속 보는 이유는 확실하게 외우기 위해서이고, 시간차를 두면서 보거나 암기하는 것은 장기 기억 상태로 만들기 위함이다. 이러한 5독학습법은 암기 카드나 핵심 노트에 적힌 내용을 암기하는 데에 사용된다.

다섯째, 휴식도 공부의 연장이다.

공부하다 지루해지면, 집중력이 떨어져 학습 효율성이 떨어진다. 이를 극복하는 가장 손쉬운 방법은 휴식하거나 공부하는 자세를 바꿔주는 것이다. 앉아서 공부하기도 하고, 서서 공부하기도 하고, 브리핑 수업을 하는 등 공부 자세나 방법을 바꾸어 주면 지루함을 없앨 수 있다.

오랫동안 공부를 계속하면 뇌의 일부분만 사용하게 되어 피로감을 느낀다. 공부 중간 중간에 스트레칭으로 근육을 풀어주면서 뇌를 맑게 해 준다. 간혹 휴식 시간에 TV를 보거나 게임을 하는 아이들이 있는데, 이는 뇌를 휴식시키는 것이 아니라, 오히려 혹사시키는 것이므로 그냥 눈을 감고 쉬거나 스트레칭을 하는 것이 좋다.

나의 공부를 기록하는
주간 계획표를 작성하게 하라

학습 스케줄은 단기 목표에 대한 세부적인 실천 계획서이다. 동그라미 계획표를 작성하거나, 한꺼번에 몇 달분을 작성하는 것이 아니라, 매주 한 주가 시작되기 전인 일요일에 다음 주 월요일부터 일요일까지 학습 위주로 주간 계획표를 작성하도록 한다.

시간을 어떻게 분배해서 쓸 것인지, 과목별로 내용을 어떻게 공부할 것인지 등에 관련된 계획을 세우는 것이 학습 스케줄이다. 공부 계획표를 작성하라고 하면 동그라미를 그려서 24등분으로 나누어 '몇 시에 일어나서 밥 먹고, 몇 시에 학교에 가고, 몇 시부터 공부를 하고…' 등으로 작성하는 경우가 있다.

이 계획표에는 공부를 몇 시간하겠다는 것만 기록되어 있을 뿐, 어떤 과목을 어떻게 공부하겠다는 구체적인 내용이 포함되어 있지 않다. 또 주중과 주말의 생활 패턴이 다름에도 불구하고 같은 내용의 계획표를 작성하는 것은 처음부터 지킬 수 없도록 작성된 것이다.

주간 계획표 작성법 여섯 가지

학습 스케줄은 계획한 내용을 관리하고, 실행 여부를 체크하면서 반성하는 종합적인 자기 관리서이다. 이를 위해서는 다음과 같은 사항들을 참고하여 작성하여야 한다.

첫째, 학습 목표가 정확하게 설정되어 있어야 한다.

꿈은 성인이 되었을 때, 자신이 하고 싶은 일이나 직업에 관한 것으로, 이를 이루기 위해서는 목표를 설정해야 한다. 목표에는 장기 목표, 중기 목표, 단기 목표, 주간 목표의 네 가지로 나눌 수 있다.

장기 목표는 ○○대학이나 ○○고등학교 입학과 같은 것이고, 중기 목표는 6개월에서 2년 이내에 실현할 수 있는 것으로 '전교 10등 안에 들기'와 같은 것이다. 단기 목표는 1~3개월 안에 실현할 수 있는 것으로 '1학기 기말고사 평균 5점 올리기'와 같은 것이다. 이 밖에 주간 목표는 학습 스케줄을 작성하면서 이번 주에 대한 목표로 '복습, 예습 철저히 하기', '기출 문제 많이 풀기' 등과 같은 것이다. 책상 앞에 꿈, 장·중·단기 목표와 주간 계획표를 붙여 놓고, 항상 눈에 띄도록 한다.

둘째, 단기 목표에 대한 세부적인 실천 계획을 세워야 한다.

학습 스케줄은 단기 목표에 대한 세부적인 실천 계획서다. 동그라미 계획표를 작성하거나, 한꺼번에 몇 달분을 작성하는 것이 아니라,

매주 한 주가 시작되기 전인 일요일에 다음 주 월요일부터 일요일까지 학습 위주로 주간 계획표를 작성하도록 한다. 그림과 같이 주간 계획표 폼을 만들어 놓고, 공부하는 시간 표시와 과목 등 세부적인 내용을 적는다.

셋째, 전략적 학습 스케줄이 필요하다.

점수가 나쁘거나 하기 싫은 과목을 취약 과목, 점수가 좋으며 자신이 좋아하는 과목을 전략 과목, 국·영·수·과·사와 같이 시간이 많이 걸리면서 배점이 높은 과목을 주요 과목이라고 한다.

취약 과목, 전략 과목, 주요 과목을 다음 시험 예정일까지 남은 정도에 따라, 배분을 달리한다. 만약, 8주 후에 시험 보는 경우, 4주는 개념학습 단계로 시간이 많이 걸리는 주요 과목과 취약 과목에 촛점을 맞추고, 2주는 문제풀이 단계로 전략 과목을 추가하며, 나머지 2주는 시험준비 단계로 전체적인 과목을 공부할 수 있도록 작성한다.

넷째, 무리한 스케줄보다는 완성도가 높은 스케줄을 작성한다.

처음부터 무리하게 작성해서 스스로 지치거나 감당하지 못한다면 아무 쓸모 없는 학습 스케줄이 된다. 자신이 할 수 있는 범위 내에서 완성도를 높이고, 학습에 흥미를 느끼도록 한다.

다섯째, 변화를 가지도록 작성하라.

1과목의 취약 과목을 몇 시간동안 계속 공부하면 지루할 수 있다. 중간 중간에 다른 과목을 섞어 지루하지 않도록 한다. 과목에 변화를 주는 것이 힘들다면, 교과서 분석 학습을 하다가 인터넷 강의를 듣는

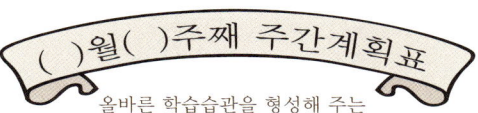

( )월 ( )주째 주간계획표
올바른 학습습관을 형성해 주는

□ 주간목표   □ 주간평가

□ 학습계획

시 간		월(일)	화(일)	수(일)	목(일)	금(일)	토(일)	일(일)
오전	05~06	⊕	⊕	⊕	⊕	⊕	⊕	⊕
	06~07	⊕	⊕	⊕	⊕	⊕	⊕	⊕
	07~08	⊕	⊕	⊕	⊕	⊕	⊕	⊕
	08~09	⊕	⊕	⊕	⊕	⊕	⊕	⊕
	09~10	⊕	⊕	⊕	⊕	⊕	⊕	⊕
	10~11	⊕	⊕	⊕	⊕	⊕	⊕	⊕
	11~12	⊕	⊕	⊕	⊕	⊕	⊕	⊕
오후	12~01	⊕	⊕	⊕	⊕	⊕	⊕	⊕
	01~02	⊕	⊕	⊕	⊕	⊕	⊕	⊕
	02~03	⊕	⊕	⊕	⊕	⊕	⊕	⊕
	03~04	⊕	⊕	⊕	⊕	⊕	⊕	⊕
	04~05	⊕	⊕	⊕	⊕	⊕	⊕	⊕
	05~06	⊕	⊕	⊕	⊕	⊕	⊕	⊕
	06~07	⊕	⊕	⊕	⊕	⊕	⊕	⊕
	07~08	⊕	⊕	⊕	⊕	⊕	⊕	⊕
	08~09	⊕	⊕	⊕	⊕	⊕	⊕	⊕
	09~10	⊕	⊕	⊕	⊕	⊕	⊕	⊕
	10~11	⊕	⊕	⊕	⊕	⊕	⊕	⊕
	11~12	⊕	⊕	⊕	⊕	⊕	⊕	⊕
공부 계획 시간 / 공부한 시간		시간 시간	시간 시간	시간 시간	시간 시간	시간 시간	시간 시간	시간 시간

※ 스스로 평가 : ⊖ 불만, ⊕ 보통, ● 만족, ● 대만족

주간 계획표의 예

방식으로 한 과목을 공부하더라도 공부 방법에 변화를 줌으로써 장시간 집중력을 유지하도록 한다.

여섯째, 실천에 대한 결과를 스스로 평가하라.

다음의 주간 계획표와 같이 집중도, 이해도 등에 관하여 스스로 불만, 보통, 만족, 대만족으로 평가하고, 계획한 시간과 실제 공부한 시간을 적는다. 또 주간평가를 통해 이번 주에 계획한 것과 실천한 것에 대하여 스스로 점수를 주어 다음 주 주간 학습 계획표를 작성할 때 참조하거나 반성하는 기회를 갖는다.

처음 작성하는 아이는 힘들 수 있으나, 스스로 계획하고 실천하면서 자신을 평가함으로써 자신감을 갖도록 한다.

09
시험을 즐겁게 하는
방법 네 가지

대부분의 아이들은 시험을 준비할 때 내용을 이해하기보다는 암기하는 데에 대부분 시간을 보낸다. 시간에 쫓기면서 내용을 외우려고 하니 잘 외워지지도 않고, 어제 외웠던 것도 생각나지 잘 않는다. 이 같은 현상은 초조한 마음에서 비롯된다.

'시험'이라는 단어에서 연상되는 단어들은 무엇일까? 불안, 공포, 두려움, 성적표, 100점, 단어, 칭찬, 낙제, 합격 등 긍정적인 단어보다는 부정적인 단어가 더 많이 떠오른다. 많은 아이들이 시험에 대한 즐거움보다는 두려움 때문에 "시험이 없는 세상에서 살고 싶어요!", "시험을 안 보고 살 수는 없나요?"라는 질문을 하곤 한다.

시험 없는 세상은 존재하지 않는다

어느 부모가 사랑하는 자녀들을 공부라는 울타리에 가둬놓고 싶겠는가? 그러나 우리는 경쟁사회에 살고 있다. 모든 사람의 능력은 다르다. 따라서 각각의 사람들이 어떤 능력이 어느 정도인지를 측정해야 한다. 이 측정 방법이 바로 시험이다. 사람은 초등학교, 중학교, 고등학교, 대학교, 대학원 등에서 끊임없이 시험을 본다. 또 대학을 졸업한 이후에도 취직 시험, 진급 시험, 각종 자격증이나 면허 시험 등을 본다. 어쩌면 죽을 때까지 시험을 봐야 할지도 모른다.

   시험을 안 보고 살 수는 없다. 시험 없는 세상도 존재하지 않는다. 이렇게 시험은 우리들 생활의 일부라면 긍정적으로 기쁘게 받아들여야 한다.

   '시험! 나만 보는 거야? 다 같이 보는데 뭐가 두려워, 최선을 다하면 되지.'와 같은 긍정적인 생각과 자신감을 가지는 것이 좋다. 반드시 거쳐야할 과정이라면, 부정적인 사고로 효과를 감소시키는 것보다는 긍정적인 사고로 효과를 올리는 것이 좋다.

시험을 즐기려면 준비된 사람이 되어야 한다

'피할 수 없다면, 즐겨라.'라는 말이 있다. 시험을 즐길 수 있는 방법은 다음과 같다.

   첫째, 암기 카드를 적극 활용하라.
   시험에 불안한 마음을 가지는 이유는 무엇인가? 시험 볼 준비가 덜 되어 있기 때문이다. 시험 결과도 불안감을 부채질하는 데에 한 몫을 한다.

대부분의 아이들은 시험을 준비할 때 내용을 이해하기보다는 암기하는 데에 대부분 시간을 보낸다. 시간에 쫓기면서 내용을 외우려고 하니 잘 외워지지도 않고, 어제 외웠던 것도 생각이 잘 나지 않는다. 이 같은 현상은 초조한 마음에서 비롯된다.

이에 대한 해결 방법은 의외로 간단하다. 평소에 암기하는 습관을 가지는 것이다. 만약, 평소 자투리 시간에 하루 20분 정도 학습 내용을 꾸준히 암기하였다면 시험 기간에 내용을 암기하는 시간이 현저히 감소된다. 암기한 내용도 불안한 단기 기억 상태가 아닌 안정된 장기 기억 상태이기 때문에 다시 외우기보다는 내용을 확인만 하면 된다. 심리 상태가 안정되어 있기 때문에 시험에 대한 자신감도 자연스럽게 만들어질 것이다.

시험을 즐기려면 암기 카드를 적극 활용하라. 암기 카드를 작성하는데 하루에 30분이 걸리더라도 확신을 가지고 작성하라. 매일 가지고 다니면서 20분 이상을 암기하면, 시험이 기다려질 것이다.

둘째, '나만의 예상 문제지'를 만들어라.

어떤 문제를 극복하려면, 그 문제의 하단부에서 머뭇거리기 보다는, 그 꼭대기에 올라서야 한다. 다른 사람이 작성한 예상 문제에 연연해 하지 말고, 스스로 예상 문제지를 작성해 본다. 시험 기간이 다가오면, 시험에 나올 수 있는 중요한 내용을 어느 정도 파악할 수 있다. 시험 문제지와 같이 오지 선다형 문제를 만드는 것이 아니라 다음과 같이 시험에 출제될 핵심 내용만 적는다.

중1 수학에서

1. 집합의 표기법
원소(∉, ∈), 부분집합(⊄, ⊂)에서
0⊂{0, 1}는 {0}⊂{0, 1}로 표기(부분집합은 집합기호를 넣어야 함.)
2. 집합의 개수를 구하는 문제
n(({a, b, c}) − n({a, b})=1 n(A)는 숫자로 표기

이와 같은 예상 문제지는 흩어져 있는 내용들을 총정리한다는 생각으로 작성한다. 시험을 본 후, 작성된 예상 문제와 비교하여 몇 개를 맞추었는지 스스로 채점해 본다.

자신이 만든 예상 문제가 시험에 출지가 되었다면 스스로 뿌듯한 마음이 들 것이다. 아울러 다음 시험에는 더 많은 문제를 맞히겠다는 의욕도 생긴다. '나만의 예상 문제지'는 모의고사와 같이 시험 범위가 광범위할 때 더욱 큰 위력을 발휘한다.

셋째, 재미있게 공부하라.

브리핑 수업을 하면 공부가 재미있어진다. 자신이 선생님이 되어 학생에게 가르치듯이 하는 수업은 혼자서 진행하기 때문에 어떠한 격식도 필요 없다. '몇 번을 가르쳐주었잖아, 아직도 모르니?', '넌 참 똑똑하구나. 한 번만 설명해도 이해를 잘하고…' 등과 같이 재미있는 말을 섞어가며 내용을 정리할 수 있다.

넷째, 마인드 컨트롤하라.

하나의 일에 대하여 긍정적인 생각과 부정적인 생각은 근소한 차이에서 나오지만, 행동에서는 많은 차이를 가져온다. 시험을 망친 후 "나는 제대로 하는 것이 없어, 바보인가 봐."와 같이 부정적인 사고를 하는 아이가 그 다음 시험의 성적이 좋을 리가 없다. 반대로, "좋은 경험이었어. 시험을 망친 이유가 무엇인지 생각해 보고, 다음 시험은 잘 봐야 겠다."라고 생각하는 아이와 비교해 볼 때 결과는 어떠하겠는지 생각해 보면 알 수 있다.

시험에 대한 긍정적인 생각을 가지기 위해서는 스스로 공부는 재미있고 시험을 즐기자는 생각을 가져야 한다. '시험을 피할 수 없다면, 즐기는 거야.'는 말을 반복하면서 스스로를 세뇌하여야 한다.

자기주도학습 능력을 점검하는 자기조절 능력 검사

학습 정보를 어떻게 기억하고 이해하는가? 어떤 생각을 가지고 학습에 임하는가? 학습 목표를 달성하기 위해 어떤 행동을 하는가?

Como & Mandinach(1983)는 자기조절학습을 '학습 주체가 되려고 하는 학습자의 의도적인 노력'이라 정의하였다. 자기조절학습을 하기 위해서는 학습자가 학습 과제를 수행하는데 있어, 의도적인 계획이나 점검 등 구체적인 인지 활동과 동기조절 및 행동조절 능력을 갖추고 있어야 한다.

아이가 어떠한 형태로 학습 정보를 인지하고, 생각하고, 행동하는지는 설문지 형태로 검사할 수 있다.

1) 검사 방법

① 학습 인지조절 60문항, 동기조절 30문항, 행동조절 30문항으로 총120문항으로 구성되어 있다.

② 각 설문에 1점부터 5점까지 체크한다(매우 아니다(1), 아니다(2), 보통이다(3), 그렇다(4), 매우 그렇다(5)).

③ 10문항씩 점수를 더한 합계를 '자기조절 능력 검사 종합 평가표'에 그려 넣는다.

2) 각 부분 해석 방법

우리 아이는 어떤 방식으로 공부하는가?

① 인지조절

인지전략(Cognitive strategy)은 학습에 대한 정보를 기억하고 이해할 때에 어떠한 방법을 사용하는가에 대하여 말하는 것이다. 학습에 투자한 시간만큼 성적이 오르지 않는 학생이 있다면 인지전략 능력이 부족하다고 할 수 있다. 효율적인 인지전략 방법을 통해 학습 효과를 높이는 데에는 핵심 노트, 오답 노트, 질문 노트, 암기 카드 등을 이용하는 것이 효과적이다.

①-1. 인지전략 - 시연(Rehearsal)

학습 내용을 기억하고 이해하는 데에 있어 단순히 암기하려는 행동을 말한다. 단기 기억 속에 정보가 사라지지 않게 하기 위한 전략으로 소리 내어 읽기, 중요 내용 밑줄 긋기와 표시하기, 학습 내용 외우기, 반복해서 읽기, 강조 표시하기, 색칠하기, 베끼기 등이다.

①-2. 인지전략 – 정교화(Elaboration)

학습 내용을 새로운 정보와 연결시켜서 이해하고 기억하려는 적극적인 행동을 말한다. 중요 개념 공책에 적기, 수업 내용과 관련지어 설명하기, 중요 내용 요약하기, 스스로 질문을 만들고 답하기, 자신이 이해할 수 있는 말로 바꾸기, 질문 노트 만들기, 구체적인 예를 생각해 보기, 외워질 때까지 반복해서 써보기 등이다.

①-3. 인지전략 – 조직화(Organization)

학습 내용을 습득하기 위해서 학습 내용 요소 간의 관계를 논리적으로 구성하고 중요한 개념을 중심으로 내용을 분석하거나 상호간의 관계를 추론해내는 능력을 말한다. 중요 내용 선별하기, 도표나 그림 그리기, 중요한 내용을 따로 정리해 보기, 역사적 사실을 연대별로 묶어보기 등이다.

①-4. 메타인지전략 – 계획(Planning)

자기 주도적으로 학습 목표와 하위 목표를 설정하고 이 목표 성취를 위하여 절차와 단계를 선정하고 배열하는 것을 말한다. 시작 전에 목차부터 살펴보기, 무슨 내용인지 전체를 대강 살펴보기, 문제 풀기 전에 무엇을 요구하는지 추측하기, 공부하기 전에 무엇을 어떻게 공부할 것인지를 미리 머릿속에 생각해 보기, 공부 시작 전에 공부할 분량이나 순서를 미리 정하기, 목표 설정하기, 관련 정보의 선택 및 계열화하기, 예상되는 장애 확인하기, 학습 과정의 평가 방식 설정하기 등이다.

①-5. 메타인지전략 - 점검(Monitoring)

학습 내용을 습득하는 과정을 점검하여 이해하였는지를 스스로 판단하고 이해하지 못한 부분이나 기억하지 못하는 부분들을 다시 확인하면서 해결 방안을 마련하는 능력을 말한다. 모르는 부분 다시 보기, 이해 여부를 점검하기, 시험보기 전략 조절하기, 학습 결과 기록하기, 학습 도중에 자신의 이해 정도를 스스로 질문해 보기, 시험 보는 동안 문제 푸는 속도 체크하기, 복습하기 등이다.

①-6. 메타인지전략 - 조절(Regulation)

학습 인지 활동을 실행하다가 문제가 생겼을 경우, 현재 사용하고 있는 전략이나 인지과정을 수정하는 것으로 자신의 학습 행동을 교정하고 잘못 이해된 부분을 고침으로써 학습을 향상시키는 능력이다. 책을 읽거나 시험 공부를 할 때 시간이 모자라면 중요한 부분만 찾아서 읽거나 공부하기, 자신의 질문에 답해보기, 새로운 예나 도식을 시도해 보기 등으로 학습 환경 조성, 정보 활용, 학습 시간 등을 조절하거나 수정하는 능력도 이에 해당된다.

학습 환경 조성은 효과적인 학습을 위해 자리를 이동하거나 조용한 도서관에서 공부하는 등의 분위기를 조성해서 공부에 집중할 수 있는 환경을 조성하는 것을 말한다.

정보 활용은 자신의 힘으로 해결하기 어려운 문제에 직면하였을 때 교과서 이외에 다른 자료를 찾으려고 노력하는 것을 말한다. 학습시간 조절은 효율적인 학습시간을 자신에 맞게 조절하는 능력이다. 사전 전과 학습지 찾아보기, 인터넷검색하기, 인터넷 강의 듣기, 매일 1~2시간씩 공부하기, 일주일 동안 실제 공부한 시간 적기 등이다.

우리 아이는 학습에 대하여 어떻게 생각하는가?

② 동기조절

동기는 인간의 행동을 일으키는 근본적인 힘이다. 동기는 행동을 일으키는 것만 아니라 행동을 지속적으로 할 수 있는 힘이 된다. 학습 동기 프로그램을 통해 공부를 해야겠다는 생각을 가지게 하고 개인의 학습 목표를 설정하며 또 달성하기 위하여 끈기 있게 노력하게 한다.

자신감 향상 프로그램인 '나는 할 수 있다.', 왜 공부를 하는지 공부가 왜 중요한지 스스로 인식할 수 있도록 내재적 가치를 이끌어주는 '내가 공부하는 이유', 자기가 학습에 어떻게 접근하고 참여하는지를 결정할 수 있도록 도움을 주는 '내가 되고 싶은 사람', '롤모델 정하기', '자신감 높이기', '목표 정하기', '시험불안감 감소시키기'

등으로 구성되어 있다.

②-1. 동기조절 숙달 목적 지향성
자기주도형 학습을 진행하는 과정에서 스스로를 평가하고 목표를 다시 점검하려는 지속적인 행동 능력이다. 학습 정복에 목표세우기, 성취 목표 수시로 확인하기, 선생님이나 부모님께 칭찬받기 등이다.

②-2. 동기조절 자기효능감(Self efficacy)
자기조절 학습 전략을 효과적으로 사용하기 위해서는 자기의 학습능력에 대한 이해와 믿음이 있어야 한다. 자신의 학습 능력을 잘 파악하고, 학습 능력에 대한 믿음과 자신감을 가지는 정도이다. 자기 능력에 대해 자신감 갖기, 자기 능력과 수준에 맞는 긍정적 태도 갖기 등이다.

다시 말하면 어떤 학습 과제를 잘 해낼 수 있다고 지각하는 자신감의 정도를 말한다. 예를 들어 "나는 앞으로 공부를 잘 할 수 있을 것이다. 나는 좋은 성적을 받을 수 있을 것이다. 나는 선생님의 인정을 받고 있다. 또래 친구와 비교해 볼 때 나의 공부 방법은 효과적이다."라는 생각을 말한다. 그러므로 자기효능감은 행동의 선택과 노력, 지속성, 그리고 성취에 영향을 준다. 이러한 자기효능감이 있는 학습자들은 도전을 자극하는 과제를 선택하여 이를 완성하기 위해 노력한다.

자기효능감이 높은 학습자는 '자기 귀인' 경향과 상관이 높다. '자기 귀인'이란 성패의 원인을 자기 내부에서 찾고, 그것은 통제 가능한 안정적 요인으로 파악하는 것을 말한다. 다시 말해서 성공의 원인을 자신의 능력이나 노력에 귀인 시키는 반면 실패의 원인은 노력 부족에 귀인시킨다.

②-3. 동기조절 성취 가치(Achievement value)

공부할 때 학습 내용이 즐거우면 공부하는 것 자체가 가치있게 여겨지고 자신의 시간과 노력을 아끼지 않고 투자하게 된다. 따라서 자신의 흥미, 취미, 관심 있는 실생활과 관련지어 보거나 장래 희망과 연관지으면서 공부의 가치를 자각하는 정도를 측정하는 것이다.

'학교에서 배우는 내용이 앞으로 유용할 것이다. 학교생활은 내가 성장하는 데 중요하다. 공부는 내 인생의 중요한 목표이다. 학교 공부는 미래 직업 선택에 매우 중요한 역할을 할 것이다.' 라고 생각하는 학습자가 성취 가치를 높게 지각하는 학습자이다. 여기에는 학습 내용에 대하여 흥미 갖기, 학습 내용에 대하여 가치 부여하기 등이 포함된다.

우리 아이는 학습에 대하여 어떻게 행동하는가?

③ 행동조절

행동조절은 자신이 세운 학습 목표들을 성공시키기 위해서 가장 적합한 학습 환경을 스스로 선택하고 구조화하고 창조하려는 노력의 척도이다. '우선순위 정하기', '시간 계획 세우기', '나의 공부 환경 점검하기' 등이다.

또 행동조절에 도움을 줄 수 있는 방법에는 '집중력 연습하기', '단계별 주의 집중력 향상시키기', '컴퓨터 중독에서 탈피하기' 등이다.

③-1. 행동조절 행동 통제력

우리의 일상생활을 보면 여러 가지 일을 하게 된다. 친구와의 약속, 문자하기, 채팅, 게임, 숙제, 부모님 심부름 등 여러 가지 일 중에서 중요한 일과 중요하지 않은 일, 빨리 처리해야 될 일과 나중에 처리해도 될 일로 구분한다. 그런 다음 중요하면서 빨리 해야 될 일과 중요하지 않으면서 천천히 해야 될 일을 구별하여 우선 행동하고 실천하는 능력을 키우는 것이다. 중요하지 않으면서 천천히 해도 될 일인 컴퓨터 게임을 우선적으로 하는 학생은 행동조절 행동 통제력이 부족하기 때문이다.

'나는 공부할 때 MP3 플레이어를 끈다.', '나는 공부가 잘되는 장소에서 공부한다.', '나는 마음먹은 공부는 곧 실천하는 편이다.', '나는 하던 공부를 끝낼 때까지는 자리에서 일어나질 않는다.', '나는 공부가 지루해도 계획하는 것은 마친다.', '나는 숙제를 정해진 시간까지 다 끝내 놓는다.'와 같이 어떤 어려움이 있어도 포기하지 않고 학습을 마칠 수 있는 능력이다.

학습 목표를 실천하기 위해서는 자신이 설정한 학습 목표가 중요하다고 인지하고 먼저 실행하는 행동 통제력이 필요한 것이다.

③-2. 행동조절 시간 관리 능력

자신의 학습 목표나 인생 목표에 대하여 단기·중기·장기 계획을 세우고, 이를 실천하기 위해서는 일일학습 계획표, 주간학습 계획표, 중간·기말고사 학습 계획표(목표 성적 정하기), 방학학습 계획표 작성하기, 목표 학교 정하기, 나의 미래의 직업 정하기, 나의 인생 목표 정하기, 반드시 실천해야 하는 행동목표 정하기 등 시간 관리의 중요성을 인지하고 자신이 실천할 수 있는 계획을 세우는 것이다.

③-3. 행동조절 적극성

자신의 목표를 달성하기 위해서는 방해되는 원인이 무엇인지를 파악하고 이를 스스로 해소하는 노력으로 자신에 맞는 학습 환경을 만들어 가는 적극적인 행동에 관한 것이다. 공부 환경에 방해되는 요소들은 일반적으로 휴대폰, 컴퓨터, TV, 잠, 가족, 친구, 책상 미 정리 상태 등이 있다. 이를 제거하는 방법에 대하여 스스로 생각하고 해결하는 적극성이 필요하다.

즉, 다가오는 중간고사나 기말고사의 성적을 얼마만큼 올리겠다는 목표를 세우고 자신의 공부를 방해하는 요소들을 모두 제거하고 공부를 한다거나, 친구가 같이 공부를 하자고 하였으나, 자신은 혼자서 공부하는 것이 더 집중력이 높아 친구의 제의를 거절했다면 이는 행동조절의 적극성을 발휘한 것이다.

3) 설문 조사

① 인지조절 – 인지전략 시연 검사

항 목	점 수
나는 외울 때에는 노트나 교과서 등의 내용을 소리내어 외운다.	① ② ③ ④ ⑤
나는 수업 시간에 무엇을 공부하였는지 공부한 내용들을 모두 기억할 수 있다.	① ② ③ ④ ⑤
나는 계속 외워지지 않는 부분이 있을 경우 밑줄을 치며 반복하여 외우려 한다.	① ② ③ ④ ⑤
나는 교과서 내용을 정확하게 이해가 안 되면 반복해서 여러 번 읽는다.	① ② ③ ④ ⑤
나는 외워지지 않으면 나만의 암기하는 방법을 가지고 있다.	① ② ③ ④ ⑤
나는 선생님이 중요하다고 말씀하시는 내용은 별표와 같은 기호로 표시해 놓는다.	① ② ③ ④ ⑤
나는 외울 때에 연습장에 쓰면서 외운다.	① ② ③ ④ ⑤
나는 선생님이 중요하다고 한 부분은 반드시 외운다.	① ② ③ ④ ⑤
나는 중요한 내용은 형광펜을 이용하여 색칠을 해 놓는다.	① ② ③ ④ ⑤
나는 공부할 때 교과서나 노트를 반복하여 자주 읽는다.	① ② ③ ④ ⑤
점수 합계	

② 인지조절 – 인지전략 정교화 검사

항 목	점 수
나는 이해하기 어려운 것은 구체적인 예를 생각하면서 이해하려고 한다.	① ② ③ ④ ⑤
나는 중요한 부분이 있으면 쉬운 내용으로 풀어서 이해하려고 한다.	① ② ③ ④ ⑤
나는 암기 카드를 이용하여 중요한 내용들을 외운다.	① ② ③ ④ ⑤

항목	점수
나는 책을 다 읽고 나면 책 내용을 모두 기억할 수 있다.	① ② ③ ④ ⑤
나는 새로운 내용을 배울 때는 그것과 관련된 상황을 미리 머릿속으로 상상하면서 이해하려고 한다.	① ② ③ ④ ⑤
나는 교과서나 참고서를 읽을 때, 읽고 있는 내용을 이미 알고 있는 내용과 연관 지어 공부하려고 한다.	① ② ③ ④ ⑤
나는 이해하기 힘든 것들은 이해하기 쉬운 다른 말로 바꾸어 이해하고 기억하려고 한다.	① ② ③ ④ ⑤
나는 친구가 잘못된 행동을 하면 그 행동이 왜 잘못된 행동인가를 알 수 있다.	① ② ③ ④ ⑤
나는 이해하기 어려운 것들은 나중에 선생님께 물어 볼 수 있도록 질문 노트를 만든다.	① ② ③ ④ ⑤
나는 시험에 나올 수 있는 부분을 친구들에게 정리하여 말할 수 있다.	① ② ③ ④ ⑤
점수 합계	

③ 인지조절 – 인지전략 조직화 검사

항목	점 수
나는 사회 공부를 할 때에는 연대별로 묶어서 공부한다.	① ② ③ ④ ⑤
나는 수학 공부를 할 때 공식의 원리를 확실히 알려고 한다.	① ② ③ ④ ⑤
나는 요점정리나 상관관계를 이해하기 위해 매핑이나 브레인스토밍을 해 본다.	① ② ③ ④ ⑤
나는 친구에게 이 문제는 시험에 꼭 나온다고 말하면 반드시 시험에 나온다.	① ② ③ ④ ⑤
나는 어떤 주제에 대하여 공부할 때 나 나름대로 생각을 정리하여 노트에 적어본다.	① ② ③ ④ ⑤
나는 문제집을 풀어서 틀린 문제가 있으면 오답 노트에 적어 놓는다.	① ② ③ ④ ⑤
나는 복잡한 내용일 경우 표를 그리거나 요점정리하면서 이해하려고 한다.	① ② ③ ④ ⑤
나는 서술형문제에 대비하여, 과목별로 모범답안을 가지고 있다.	① ② ③ ④ ⑤
나는 중요한 부분을 정리하는 과목별 핵심 노트가 있다.	① ② ③ ④ ⑤

항 목	점 수
나는 어떤 부분을 공부할 때 어떻게 시험에 나올 수 있는지 알 수 있다.	① ② ③ ④ ⑤
점수 합계	

④ 인지조절 - 메타인지전략 계획 검사

항 목	점 수
나는 문제를 풀기 전에 이 문제에서 요구하는 것이 무엇인지 정확하게 파악한 다음 문제를 푼다.	① ② ③ ④ ⑤
나는 공부한 후, 공부가 잘되었는지 스스로 평가할 수 있는 방법을 생각해 본다.	① ② ③ ④ ⑤
나는 시험 공부할 때 일주일 계획표를 작성하여 공부한다.	① ② ③ ④ ⑤
나는 공부를 공부할 분량을 정할 때에는 책 앞에 있는 목차를 보면서 정한다.	① ② ③ ④ ⑤
나는 처음 보는 내용을 공부할 때에는 전체 내용을 대강 살펴본 후에 본격적으로 공부를 시작한다.	① ② ③ ④ ⑤
나는 나의 책상 앞에 '나의 목표와 학습 계획표'가 붙어 있다.	① ② ③ ④ ⑤
나는 공부할 때 지난 번 점수와 비교하여 이번 시험에는 목표 점수를 정해 놓고 공부한다.	① ② ③ ④ ⑤
나는 공부하기 전에 무엇을, 어떻게 공부할 것인지 미리 생각해 본다.	① ② ③ ④ ⑤
나는 공부를 시작하기 전에 공부할 범위를 정해 둔다.	① ② ③ ④ ⑤
나는 공부를 시작할 때는 공부하는 순서를 정한 후에 시작한다.	① ② ③ ④ ⑤
점수 합계	

⑤ 인지조절 - 메타인지전략 점검 검사

항 목	점 수
나는 시험을 보고 나면 나의 문제점과 앞으로의 계획을 생각해보고 메모한다.	① ② ③ ④ ⑤
나는 공부 도중 앞에 부분을 다시 한 번 머릿속으로 정리하여 지금 부분과 연결 지어본다.	① ② ③ ④ ⑤
나는 예상 문제나 기출 문제를 풀어 볼 때에는 진짜 시험 보는 것과 같이 시간을 재면서 문제를 풀어 본다.	① ② ③ ④ ⑤

항목	점수
나는 오늘 공부했던 것 중 이해가 되지 않은 부분에 대해 내일 공부할 계획에 다시 넣어 공부하려 한다.	① ② ③ ④ ⑤
나는 공부하다가 이해가 잘되지 않는 부분은 표시해 놓고, 나중에 다시 본다.	① ② ③ ④ ⑤
나는 자신이 공부한 과목에 대하여 학습 만족도나 미진한 부분 등 학습 결과에 대하여 스스로 평가한다.	① ② ③ ④ ⑤
나는 시험보기 10분 전에 시험을 잘 보기 위한 나만의 전략을 정리하려고 한다.	① ② ③ ④ ⑤
나는 모르는 부분이 있을 경우 따로 체크해 두었다가 다시 보고 풀어본다.	① ② ③ ④ ⑤
나는 공부하는 도중 내용을 잘 파악하고 있는지 스스로를 점검해 보곤 한다.	① ② ③ ④ ⑤
나는 한 단원의 공부가 마치면 이 단원에서 중요한 내용이 무엇인지 생각해 본다.	① ② ③ ④ ⑤
점수 합계	

⑥ 인지조절 - 메타인지전략 조절 검사

항목	점수
나는 집중이 잘 되는 장소를 찾아 가서 공부하는 버릇이 있다.	① ② ③ ④ ⑤
나는 집에서 공부하는 시간이 항상 정해져 있다. ((예)매일 4시에서 5시까지 1시간씩 공부하기)	① ② ③ ④ ⑤
나는 집중이 잘되는 시간을 알고 있어, 이 시간대를 이용하여 공부하고 있다.	① ② ③ ④ ⑤
나는 공부 하다가 해결하기 어려운 문제가 있으면 교과서 외에 다른 자료를 찾아서 공부하려 한다.	① ② ③ ④ ⑤
나는 일주일 동안 집에서 공부하는 시간이 얼마나 되는지 매일 공부하는 시간을 적어 놓는다.	① ② ③ ④ ⑤
나는 공부할 시간과 범위를 잘 맞춰서 공부해 나간다.	① ② ③ ④ ⑤
나는 책을 읽다가 시간이 모자라면 중요한 부분만 찾아서 읽는다.	① ② ③ ④ ⑤
나는 중요하게 외울 부분과 아닌 부분을 구별해낼 수 있다.	① ② ③ ④ ⑤
나는 교과서를 보면 시험에 나올만한 문제들을 찾아낼 수 있다.	① ② ③ ④ ⑤

항목	점수
나는 교과서를 보며 문제집을 풀었을 때 틀리던 부분을 찾아 다시 한 번 생각하면서 공부한다.	① ② ③ ④ ⑤
점수 합계	

⑦ 동기조절 - 숙달 목적 지향성 검사

항 목	점 수
나는 정해진 학습 목표를 달성하고 나면 기분이 좋다.	① ② ③ ④ ⑤
나는 정해진 학습 목표를 하고 나면, 다음에 할 학습 목표를 정한다.	① ② ③ ④ ⑤
나는 실수를 하더라도 무엇인가를 배울 수 있는 어려운 내용을 좋아한다.	① ② ③ ④ ⑤
나는 새로운 지식이나 기술을 배우는 그 자체가 중요하다고 생각한다.	① ② ③ ④ ⑤
나는 성적을 잘 받는 것보다 교과서 내용을 잘 익히는 것이 더 중요하다고 생각한다.	① ② ③ ④ ⑤
나는 내용을 그냥 외우는 것 보다 내용을 정확히 이해하는데 중점을 둔다.	① ② ③ ④ ⑤
나는 학원을 다니지 않고, 학교 수업과 인터넷 강의를 통해 원하는 성적을 올릴 수 있다.	① ② ③ ④ ⑤
나는 쉬운 문제보다는 어려운 문제를 푸는 것이 더 재미있다.	① ② ③ ④ ⑤
나는 많은 노력을 들이더라도 무엇인가를 새로 배울 수 있는 것을 좋아한다.	① ② ③ ④ ⑤
나는 학습 목표를 정한 후에 공부를 시작한다.	① ② ③ ④ ⑤
점수 합계	

⑧ 동기조절 - 자기효능감 검사

항 목	점 수
나는 우리 반 친구들과 비교할 때 나의 공부 방법은 효과적이며 뛰어나다고 생각한다.	① ② ③ ④ ⑤
나는 우리 반 친구들에 비해 공부를 잘 할 수 있는 자신감을 가지고 있다.	① ② ③ ④ ⑤
나는 선생님께 인정받고 있다고 생각한다.	① ② ③ ④ ⑤

항목	점수
나는 수업 시간에 친구가 모른다고 질문하면, '왜 그걸 이해하지 못할까?' 하는 생각을 한 적이 많다.	① ② ③ ④ ⑤
나는 다른 친구보다 머리가 나쁘다고 생각하지 않는다.	① ② ③ ④ ⑤
나는 수업 시간에 선생님께서 가르쳐 주시는 내용을 모두 이해할 수 있다.	① ② ③ ④ ⑤
나는 앞으로 열심히 하면 성적이 오를 수 있다고 생각한다.	① ② ③ ④ ⑤
나는 우리 반의 친구들과 비교해 보면 '나는 공부를 잘하는 학생'이라고 생각한다.	① ② ③ ④ ⑤
나는 수업 시간에 주어지는 문제나 과제를 모두 잘 풀 수 있다.	① ② ③ ④ ⑤
나는 우리 반 친구들과 비교할 때 교과 내용을 많이 알고 있다고 생각한다.	① ② ③ ④ ⑤
점수 합계	

⑨ 동기조절 – 성취 가치 검사

항목	점수
나는 앞으로 어떤 전공을 할 것인지 목표를 세워 놓았다.	① ② ③ ④ ⑤
나는 학교가 나에게 중요한 의미를 가지고 있다고 생각한다.	① ② ③ ④ ⑤
나는 가려고 하는 대학교를 정해 놓고 있다.	① ② ③ ④ ⑤
나는 공부를 잘하면 내 인생이 성공할 수 있다고 생각한다.	① ② ③ ④ ⑤
나는 학교 수업 시간에 배우는 내용들이 중요하다고 생각한다.	① ② ③ ④ ⑤
나는 시험 기간 동안 평균을 몇 점 올려야겠다. 라는 목표를 가지고 공부한다.	① ② ③ ④ ⑤
나는 20년 후의 나의 모습을 생각해 보았고, 장래의 직업을 선택하였다.	① ② ③ ④ ⑤
나는 학교공부가 나의 미래 직업을 선택하는데 커다란 영향을 미칠 것이라고 생각한다.	① ② ③ ④ ⑤
나는 학교에서 배우는 내용이 살아가는데 많은 도움이 될 것이라 생각한다.	① ② ③ ④ ⑤
나는 내가 원하는 대학에 가려면 성적이 어느 정도 되어야 하는지 알고 있다.	① ② ③ ④ ⑤
점수 합계	

⑩ 행동조절 - 행동 통제력 검사

항 목	점 수
나는 TV를 (안 (5), 30분이내(4), 1시간이내(3), 2시간이내(2), 3시간 이상(1)) 본다.	① ② ③ ④ ⑤
나는 친구나 부모님과의 시간 약속을 잘 지킨다.	① ② ③ ④ ⑤
나는 친구하고 재미있게 놀다가 공부할 시간이 되면 곧장 공부하러 간다.	① ② ③ ④ ⑤
나는 읽던 책은 끝까지 읽는다.	① ② ③ ④ ⑤
나는 공부를 하고자 결심하면 곧 행동으로 옮기는 편이다.	① ② ③ ④ ⑤
나는 공부가 지루하고 재미가 없더라도 정해놓은 건 다 해놓고 논다.	① ② ③ ④ ⑤
나는 컴퓨터 게임을 하는 도중에 할 일이 있으면 곧장 게임을 그만 둔다.	① ② ③ ④ ⑤
나는 정해진 공부를 다 하지 못하면, 친구가 놀자고 해도 공부해야 한다고 하면서 놀러가지 않는다.	① ② ③ ④ ⑤
나는 쓸데없는 생각 때문에 공부에 방해를 받지 않는다.	① ② ③ ④ ⑤
나는 학교나 학원 숙제는 어떠한 일이 있어도 반드시 해 간다.	① ② ③ ④ ⑤
점수 합계	

⑪ 행동조절 - 시간 관리 능력 검사

항 목	점 수
나는 시험 전에 계획을 세우고 계획에 맞춰 공부한다.	① ② ③ ④ ⑤
나는 2~3시간 동안 책상에 앉아 공부할 수 있다.	① ② ③ ④ ⑤
나는 잘 풀리지 않는 문제가 있으면 그것만 매달리지 않고 따로 메모를 해둔다.	① ② ③ ④ ⑤
나는 몇 시간동안 얼마나 공부할 것인지 목표를 분명히 한 다음에 공부한다.	① ② ③ ④ ⑤
나는 효율적으로 공부하기 위해 매일 어떤 공부를 할 것인지 계획을 세워 공부한다.	① ② ③ ④ ⑤
나는 공부가 가장 잘되는 시간은 따로 빼놓고 그 시간에는 공부만 한다.	① ② ③ ④ ⑤

항목	점수
나는 효과적으로 공부하기 위해 공부시간을 확실하게 정해 둔다.	① ② ③ ④ ⑤
나는 방학 동안에 무엇을 공부할지 정해 놓았다.	① ② ③ ④ ⑤
나는 시험 기간이 아니더라도 학습 계획표를 작성하여 공부한다.	① ② ③ ④ ⑤
나는 자투리 시간에 암기 카드를 이용하여 외우고 있다.	① ② ③ ④ ⑤
점수 합계	

⑫ 행동조절 – 적극성 검사

항목	점수
나는 모르는 내용이 있으면 도서관, 인터넷 검색, 인터넷 강의 등에서 자료를 찾아본다.	① ② ③ ④ ⑤
나는 시험 공부할 때 친구들로부터 시험에 대한 정보를 얻으려고 친구들과 많은 이야기를 한다.	① ② ③ ④ ⑤
나는 공부를 잘하는 친구를 보면 이기고 싶다는 경쟁심이 있다.	① ② ③ ④ ⑤
나는 내가 잘 모르는 부분이 있으면 주변 사람에게 물어본다.	① ② ③ ④ ⑤
나는 내가 알아서 학원이나 과외를 시켜 달라고 부모님께 말하는 편이다.	① ② ③ ④ ⑤
나는 내가 잘 모르는 부분이 있으면 그냥 넘어가지 않고 손을 들어 선생님께 질문한다.	① ② ③ ④ ⑤
나는 공부 잘하는 친구에게 모르는 것이나 시험에 나올만한 것을 가르쳐 달라면서 함께 공부한다.	① ② ③ ④ ⑤
나는 공부를 하다가 모르는 부분이 있으면 따로 메모해 두는 습관이 있다.	① ② ③ ④ ⑤
나는 모르는 것이 있으면 답답하여 반드시 알아야 한다.	① ② ③ ④ ⑤
나는 원하는 성적이나 점수가 나오지 않으면 나 자신에게 화가 난다.	① ② ③ ④ ⑤
점수 합계	

4) 자기조절 능력 검사 종합 평가표

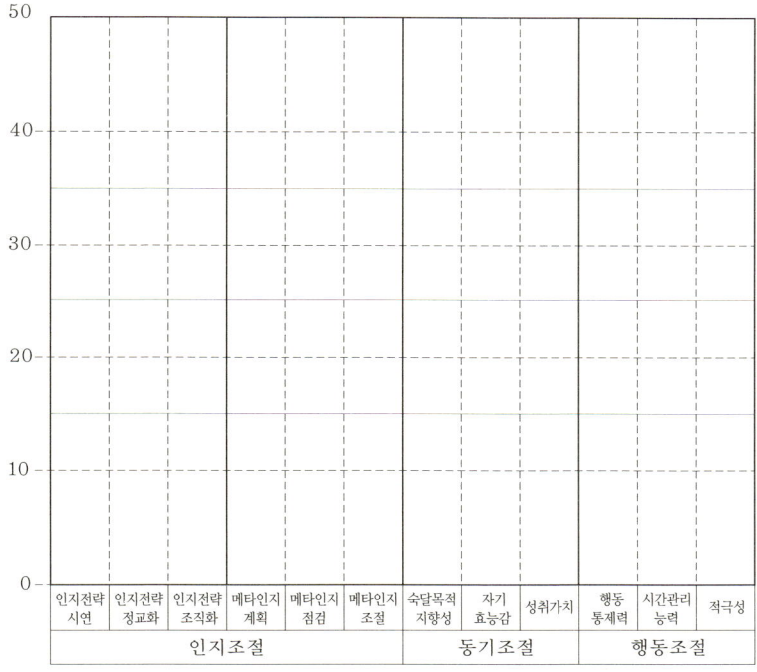

▲ 자기조절 능력 검사 종합 평가표

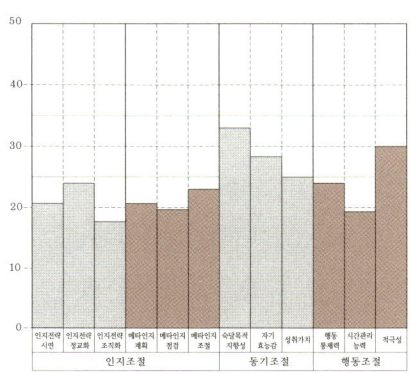

▲ 종합 평가의 예시

5부

자기주도학습 만점 공부법, 이렇게 시작하라

01

7살부터 시작하는
엄마표 자기주도학습법

- 두뇌 개발을 위한 교육은 어떻게 할 것인가?
- 어떻게 좋은 생활 습관과 학습 습관을 가지게 할 것인가?
- 어떻게 하면 공부에 대한 인식을 긍정적으로 가지게 할 것인가?

앞에서 필자는 자기주도학습을 실현하기 위해서는 공부하는 힘, 학습 습관 형성, 학습 동기 부여, 공부하는 스킬의 4대 요소가 필요하다고 언급하였다. 유아 시절에 준비하여야 할 내용과 방법들은 앞에서 자세하게 설명하였으므로, 이 장에서는 간단히 정리해 보도록 한다. 유아 시절에는 자기주도학습의 4대 요소 중에서 공부하는 힘과 학습 습관을 서서히 형성하여야 한다. 공부하는 힘에서는 다음 세 가지가 중요하다.

① **듣고(읽고) 말하기를 통한 언어 발달이다.**

듣고(읽고) 말하기를 통한 언어 발달은 부모가 동화책을 읽어주거나 자신이 읽고, 그 내용을 말해보는 과정을 통해 이루어진다. 이는 기억력과 이해력 및 집중력을 향상시켜 주며, 줄거리를 시간적 흐름으로 표현하려는 논리력을 키워준다. 언어 능력은 학습 능력 개발과 두뇌 개발의 기초가 되는 것으로, 언어 발달 없이는 어떠한 학습 능력도 개발할 수 없기 때문이다.

② 생각하는 습관 형성을 통한 사고 발달이다.

생각하는 습관 형성을 통한 사고 발달은 아이가 유치원에서의 생활을 부모에게 말하게 한다. 그러면 생각하면서 행동하는 능력과 학습 내용을 기억하려는 힘을 키울 수 있다. 이것이 바로 다면 사고력 향상의 첫걸음이라 할 수 있다.

③ 생활 습관을 통한 독립심 키우기다.

생활 습관을 통한 독립심을 키우기에서는 스스로 잠에서 깨기, 자신의 잠자리 정리하기, 준비물과 숙제 등 자신의 일은 자신이 하도록 하여 서서히 독립심을 키우도록 한다. 독립심은 자신의 목표를 스스로 설정하게 하는 중요한 요소이다.

학습 습관 형성에서는 공부는 하고 싶을 때 하는 것이 아니라, 생활의 일부라는 것을 인식시키기 위하여 일정한 시간에 일정한 학습양을 공부하게 한다. 또 공부는 재미있는 것이라고 생각할 수 있도록 부모의 적극적인 노력이 필요하다.

첫 단추를 어떻게 끼울 것인가?

유아의 비어 있는 생각주머니를 무엇으로 채울 것인가는 학습을 처음 시작할 때 다음과 같은 문제 의식을 가지고 시작해야 한다.

- 두뇌 개발을 위한 교육은 어떻게 할 것인가?
- 어떻게 좋은 생활 습관과 학습 습관을 가지게 할 것인가?
- 어떻게 하면 공부에 대한 인식을 긍정적으로 가지게 할 것인가?

한 번 잘못된 생각이나 습관을 고치기 위해서는 많은 노력과 시간이 필요하며, 잘 고쳐지지 않기 때문에 처음이 중요하다고 할 수 있다.

부모는 조급한 마음보다는 느긋한 마음을 가지고 단계별로 조금씩 실행하여야 한다. 좋은 습관을 가지기 위해서는 한 두 달이 아닌 몇 년이 소요되기 때문이다.

02

자기주도학습법의 기초를 닦는 초등 저학년 공부법

독서하는 습관, 공부하는 습관, 생각하는 습관 등의 습관을 형성시켜주고, 공부하는 힘인 사실적 능력, 이해력, 표현력, 어휘력, 연산 능력, 한자 능력 등을 향상시켜 상위권을 향한 '준비된 아이'로 만들어야 한다.

초등학생이 되면 학교생활을 통해 규칙적인 생활과 학습이 본격적으로 시작된다. 일정한 시간에 일어나, 학교 갈 준비를 하고, 등교를 해야 한다. 학교생활에서 선생님과 친구들과의 원만한 사회생활도 요구되며, 숙제, 예습과 복습 등 학습 부담감을 가지는 시기다.

유아 시절에서 가져야 하는 좋은 습관과 교육은 초등학교에 이르러서도 계속되어야 하며, 체계적인 계획을 가지고 실행하는 것과 추가적인 교육이 더 필요하다.

듣고(읽고) 말하기를 이용한 언어 발달 교육

책을 읽을 수 있는 능력을 가지고 있으므로 책은 스스로 읽도록 하고, 유아 시절과 같이 사실적 내용을 말하도록 유도한다. 쓰기 교육을 너무 빠르게 실시하면, 아이가 지칠 염려가 있으므로 본격적인 쓰기 교육은 초등학교 고학년 때부터 실시한다. 다만, 어휘력을 키우기 위해 어휘 노트를 사용한다. 구체적인 방법은 다음과 같다.

첫째, 독서 스케줄을 작성한다.

평상시에 교과목의 예습과 복습, 학교 숙제 등과 같이 학습 시간이 더 필요하기 때문에, 일정한 시간에 독서를 할 수 있는 시간을 정해두는 것이 좋다. 주중에는 예습과 복습 또는 숙제를 하고, 주말을 이용하여 1주일에 1~3권씩 읽도록 한다. 주말에는 독서하는 시간을 확보하기에 좋고, 책의 내용을 부모와 같이 이야기할 수 있어 좋다.

둘째, 여러 장르의 독서가 중요하다.

유아 시절에는 창작 동화, 전래 동화. 명작 동화 등과 같은 문학 장르를 읽었으나, 초등 저학년 시절에는 전기, 역사, 과학과 같은 비문학 장르의 책도 읽어야 한다. 비문학 장르는 딱딱하기 때문에 처음에는 10~20% 정도 분량에서 시작하도록 하고, 초등학교 3학년 때에는 40~50% 분량으로 늘려야 한다.

이와 같이 독서 시간과 독서의 분량, 장르에 대한 스케줄은 부모와 함께 작성한다. 책은 부모가 학년에 맞는 권장 도서 위주로 선정해 준다. 각 학년에 대한 권장 도서는 해당 교육청 홈페이지를 통해 알 수 있다.

셋째, 독서 적응 기간이 필요하다.

독서는 학습 능력 향상에 중요한 역할을 한다. 그런 이유로 부모들은 아이들에게 독서 습관을 형성시켜주기 위하여 많은 노력을 하지만, 실패하는 경우가 많다. 독서 교육에 실패하는 주요 원인은 독서하는 습관이 확실하게 정착되지 않은 상태에서 읽고, 쓰고, 말하는 교육이 한꺼번에 이루어지기 때문이다. 독서에 대한 적응이 안 되었거나, 쓰기를 싫어하는 아이들에게 처음부터 독후감을 쓰게 하면 아이들이 쉽게 싫증을 느끼거나, 부담을 가질 수 있다.

초등 저학년 단계까지는 독서를 이용한 말하는 교육에 치중하고, 익숙해지는 초등 고학년부터 독후감쓰기 교육을 추가시킨다. 이 같은 단계별 교육을 통해 적응 기간을 충분히 주면서 스스로 독서에 대해 재미를 느끼도록 한다.

넷째, 어휘 노트를 만든다.

아이가 올바른 독서 방식을 갖지 않은 상태에서는 눈으로만 읽을 때 대충 읽거나 건너뛰면서 읽을 가능성이 있다. 그리고 모르는 어휘(단어)를 그냥 지나치는 경우가 많다.

이것을 방지하기 위하여 소리 내어 읽도록 한다. 읽으면서 모르는 어휘가 나오면 어휘 노트에 적도록 한다. 다 읽은 후에는 사전이나 인터넷 검색하여 그 뜻을 적도록 한다. 모르는 어휘를 다 적은 후에는 책과 어휘 노트를 같이 보면서 전체적인 내용을 파악하도록 한다. 이런 방법을 사용하는 이유는 모르는 어휘가 나왔을 때, 즉시 사전을 찾아 독서 리듬이 깨지는 것을 방지하기 위해서이다.

어휘 능력을 키워라

책을 처음 읽을 때에는 잘 모르는 어휘로 인하여 책 내용의 이해도가 70~80% 정도에 그친다. 이후 어휘의 뜻을 찾아 적은 후, 전체적으로 책을 다시 읽으면, 내용 이해도를 100%로 높일 수 있다. 이렇게 하면 책을 두 번 읽는 효과가 있으며, 그 내용도 잘 말할 수 있을 정도가 된다.

어휘 노트의 활용은 어휘력과 탐구력의 향상에 그 목적이 있으며, 메모하면서 쓰는 습관을 키울 수 있다는 점에서도 유용하다.

어휘력은 학습 능력 향상에 많은 영향을 미친다. 고학년에 되어서도 학습에 흥미를 갖지 못하는 아이나, 학습 부진아들은 교과서 내용을 이해하지 못한다. 그 이유 중 하나는 어휘력이 떨어져 내용을 제대로 파악할 수 없기 때문이다. 어휘력은 이해하는 능력, 말하는 능력, 표현하는 능력 등과 같은 학습 능력의 향상에 중요한 역할을 하고 있다.

학습 스케줄 작성으로 학습 습관을 키운다

학습을 체계적으로 하기 위해서는 학습 스케줄을 구체적으로 작성하는 것이 중요하다. 학습 스케줄은 주중에 숙제, 복습, 예습을 우선적으로 하고, 남은 시간에 다른 것을 할 수 있도록 작성되어야 한다.

아이로 하여금 학습이 최우선이라는 것과 오늘 해야 할 공부 분량은 반드시 끝내야 한다는 인식을 가지도록 해야 한다. 학습 스케줄은 아이가 작성할 줄을 모르기 때문에 아이와 부모가 함께 작성하도록 한다.

되새김학습을 실시한다

유아 시절에는 유치원에서 있었던 일들을 부모에게 말로 하였으나, 초등 저학년부터는 글로 나타내어야 한다. 되새김학습노트를 만들어 1교시부터 마지막 교시까지 배웠던 학습 내용들을 적도록 한다. 처음이라 잘 적지 못할 경우에는 책을 보면서 적도록 하고, 점차 책을 보지 않고 적도록 유도한다.

되새김학습법은 '생각하는 아이'로 만드는 데에 중요한 역할을 하는 것으로 부모의 적극적인 관심과 지도가 필요하다.

연산 능력을 키워라

많은 아이들이 수학은 딱딱하고, 지루하며, 어렵다고 생각하기 때문에 흥미를 가지지 못하고 있다. 수학은 단계적인 학습을 통해 이루어져야 하는 것이기는 하지만 가장 기본이 되는 것은 연산 능력이다. 연산 능력은 계산을 하는 시간을 줄일 수 있고, 계산할 때의 실수를 줄일 수 있으며, 수학에 자신감을 가지게 한다.

필자는 실제 교육 현장에서 연산 능력을 향상시키는 교육을 실시한 적이 있었는데, 교육을 실시한 지 불과 7~8개월 만에 놀라운 성과를 거두었다. 교육이 끝난 후 수학 성적이 70점 수준이었던 초등 5학년 아이가 수학 경시대회에서 금상을 받았고, 시험을 볼 때마다 시간이 모자라 쩔쩔매던 고등학교 3학년 아이는 오히려 시간이 남아서 검산까지 할 정도가 되었다.

연산교육은 덧셈, 뺄셈, 곱셈, 나눗셈을 빠르고, 정확하게 계산하는 능력을 키우기 위하여 짧은 시간 동안 하루에 한 장씩 풀도록 하는 것이 좋다. 연산 능력을 키우기 위한 교재는 부모가 직접 작성하거나 시중에 판매되는 교재를 이용하여도 좋다.

수능과 같은 중요한 시험에서 성적 차이가 나타나는 과목은 수학이다. 적은 시간과 경제적 투자로 수학을 잘하고 싶은 아이로 만들고 싶다면 연산 능력부터 키워야 한다.

한자 교육이 필요하다

우리가 사용하고 있는 어휘의 대부분은 한자어이다. 국어 대사전(이희순)에 수록된 어휘 225,203자 중에서 69.3%가 한자어, 고유어가 24.4%, 외래어가 6.3%이다.

또 초등학교에서 가르치는 14,600개의 어휘 중에는 한자어가 60%(8,755개), 고유어가 36.8%(5,380개), 외래어가 2.7%(400개), 교과 전문 어휘가 0.3%(40개), 기타 0.2%(25개)로 구성되어 있다.

중학교에서 추가되는 5,500개의 어휘 중에는 한자어가 70.5%(3,880개), 고유어가 25.3%(1,390개), 외래어가 1.3%(70개), 교과 전문 어휘가 2.9%(160개)로 구성되어 있다.

이와 같이 아이들의 교과서에 수록된 한자어의 비중이 매우 높아졌기 때문에 한자를 모르면 학업 성취도가 낮아질 수밖에 없다.

한자를 모르면 학업 성취도가 낮아진다

실제로 '한자 습득과 한자어의 의미 파악 연구(전철용)'에 의하면 초등 4학년을 대상으로 한자가 학업 성취도에 미치는 영향을 연구한 결과, 국어·사회·과학·도덕의 4과목에서 한자를 배운 학생의 평균 점수는 69.4점, 한자를 배우지 않은 학생의 평균 점수는 49.1점으로 무려 20.3점의 차를 보이는 것으로 나타났다.

한자를 모르면 학업 성취도가 낮아지는 이유는 한자어는 그 자체에 뜻을 포함하고 있기 때문에 한자를 모르면, 어휘의 뜻을 파악할 수 없기 때문이다. 서울 강남교육청이 2008년 10월부터 관할 지역의 초등학교 4학년부터 6학년까지의 학생들을 대상으로 한자 교육을 실시한 것은 바로 이 때문이다.

아이들에게 공부하는 힘을 가지게 하는 한자 교육은 초등학교 3학년부터 실시하는 것이 좋다. 하지만 한자를 무작정 외우도록 하는 것은 좋지 않다. 아이들을 쉽게 지치게 하고, 한자는 어렵다는 생각이 들게 하기 때문이다. 한자는 표의문자(表意文字)이기 때문에 뜻을 이해시키면서 재미있게 익히는 것이 좋다.

초등 저학년은 학습 난이도가 높지 않기 때문에 공부를 많이 시키기 위하여 학습과 관련된 학원에 보내기 보다는 예체능의 특기 교육을 시키며, 좋은 습관과 공부하는 힘을 가질 수 있도록 하는 것이 좋다.

독서하는 습관, 공부하는 습관, 생각하는 습관 등의 좋은 습관을 형성시켜주고, 공부하는 힘인 사실적 능력, 이해력, 표현력, 어휘력, 연산 능력, 한자 능력 등을 향상시켜 상위권을 향한 '준비된 아이'로 만들어야 한다.

03
자기주도학습법의 저력을 만드는 초등 고학년 공부법

초등 고학년 때에 갖춰야 하는 학습 능력은 고난이도 학습이 본격적으로 시작되는 중학교 때를 대비하기 위한 준비라고 할 수 있다. 아무런 사전 준비 없이 중학생이 되어 공부스킬을 키우고, 학습 동기를 부여한다면 100% 자기주도학습의 실현을 기대할 수 없다.

학습기에서 초등학교 과정을 초1~3학년과 초4~6학년으로 구분하는 이유는 초등학교 3학년과 4학년은 학습 난이도 면에서 확연하게 차이가 나기 때문이다.

초등학교 3학년까지 공부하는 힘을 어느 정도 가지고 있지 않으면 학습의 난이도가 높아지는 초등학교 4학년이 되면 점차 학습이 어려워져 학습에 흥미를 잃을 수도 있다.

초등 고학년 시절은 자신의 주장과 행동이 서서히 나타나는 시기이다. 따라서 이때까지 좋은 습관이 몸에 배어 있지 않다면, 오히려 나쁜 습관들이 서서히 형성되어질 수 있는 시기이다.

아무 생각 없이 하는 행동, 부모가 시키기 전에는 자발적으로 하지 않는 소극적 행동, 시간적인 개념이 없는 행동, 공부보다는 놀기를 좋아하는 행동, 자신의 일을 스스로 하지 못하는 행동 등은 나쁜 습관이 몸에 배어 나타나는 행동들이다.

이 시기에 나쁜 습관이 형성되지 않기 위해서는 유아 시절부터 교육하였던 것들을 꾸준하게 실행하여, 완성도를 높여야 한다. 아울러 시간과 행동을 조절하는 자기조절 능력을 향상시킬 수 있는 교육들이 필요하다.

독후감을 작성한다

초등 저학년때까지는 읽기와 말하기에 치중하였고, 쓰기 적응과 어휘력, 탐구력 향상을 위하여 어휘 노트를 작성하였다. 하지만 이 시기부터는 독후감을 통해, 책의 내용과 자신의 생각을 논리적으로 표현할 수 있는 논리 표현 능력을 향상시켜야 한다.

학년 \ 구분	사실적 내용				자신의 생각	
	듣기	읽기	말하기	쓰기	말하기	쓰기
유아	○	○	○			
초등 저학년		○	○		○	
초등 고학년		○	○	○	○	○

위의 표에 나타난 바와 같이 이 시기에는 책에 대한 사실적 내용 쓰기와 자신의 생각을 말하기, 쓰기 과정이 자연스럽게 이어져야 한다.

독후감을 쓰는 방법은 아이가 책을 읽은 후, 부모에게 책에 대한 내용을 먼저 말한 후에 자신의 생각을 말하도록 한다. 말하는 과정에서 부모는 아이가 무슨 생각을 하는지 알 수 있다.

아이의 생각이 잘못되었거나 부족한 경우, 부모는 아이의 생각을 바로 잡아주어야 한다. 이 때, 주의하여야 할 것은 상상이나 비판하는 내용에서 아이의 생각이 부모의 생각과 다르다고 하여 부모의 생각을 강요하여서는 안 된다. 아이가 다양한 사고를 할 수 있도록 하여야 한다.

학습 스케줄을 스스로 작성하게 한다

지금까지 부모 도움을 받아 작성하였던 학습 스케줄을 스스로 작성하도록 한다. 학습에 대한 계획뿐만 아니라, 더 나아가 친구나 부모와의 약속, 해야 할 일, 가야할 곳들을 함께 작성하여 시간과 행동을 스스로 통제하면서 행동할 수 있는 자기조절 능력을 가지도록 한다.

올바른 학습법으로 학습하도록 한다

단순한 숙제, 예습, 복습뿐만 아니라 중간고사, 기말고사를 준비할 수 있는 학습 스케줄로 작성하여야 한다. 즉, 일주일을 준비하는 학습에서 몇 달을 준비하는 학습으로 바뀌어야 하는 것이다. 시험을 준비하는 개념학습 단계, 문제풀이단계, 시험준비 단계의 3단계 학습을 실시하여 체계적이면서 올바른 학습을 할 수 있도록 한다.

인터넷 강의를 듣도록 하라

초등 고학년이 되면, 학습의 난이도가 높아지기 때문에 학교 수업에서 이해가 되지 않는 부분에 대한 보충 학습이나 심화 학습이 필요하다. 이러한 문제를 해소하기 위해 인터넷 강의를 듣도록 한다.

부모가 공부를 하라고 하면 학원에서 수업을 하는 것과 같이 인터넷 강사가 강의하는 것을 들으면서 공부하겠다는 생각에서 무조건 컴퓨터를 켜고 인터넷 강의를 듣는 아이들도 있다. 인터넷 강의가 학원과 별 차이가 없는 것은 사실이지만 맹목적으로 인터넷 강의에 의지하는 태도는 좋지 않다.

인터넷 강의는 하나의 학습 도구여야 한다. 즉, 인터넷 강의에 의존하여 배우겠다는 생각보다는 예습 또는 복습에서 모르는 부분이 있거나, 심화 학습을 하고 싶을 때 인터넷 강의를 이용하는 것이 바람직하다.

즉, 학습자 스스로가 학습의 주체가 되어 학습을 하다가, 필요할 경우에 인터넷 강의의 도움을 받는 것이 효율적인 학습 방식이다.

몰입 수업을 하도록 한다

메모하는 습관이 중요하다는 것은 두말할 필요가 없다. 메모하는 습관을 서서히 형성해 나가면서 학교수업에 충실하기 위한 몰입 수업을 시작하도록 한다.

초등 4학년의 어린나이에 수업을 들으면서 학습 내용을 메모한다는 것은 당연히 어려울 것이다. 메모하면서 듣는 몰입 수업은 메모하는 습관과 집중력을 필요로 한다. 이 능력은 한순간에 생기는 것이 아니라 장기간에 걸쳐서 형성된다. 처음에는 어렵겠지만 초등 4학년부터 서서히 실행하여 중학교 때에는 잘할 수 있도록 한다.

잘못한다고 나무라기보다는 칭찬과 격려를 통해 조금씩 나아지도록 지도하여야 한다. 메모하면서 듣는 몰입 수업의 습관은 중학교, 고등학교 때 그 효과가 크게 나타난다.

서서히 학습 도구를 사용하도록 한다

시험을 즐기기 위해서는 자투리 시간과 암기 카드를 적극 활용하는 것이 중요하다. 이 두 가지 방법은 최상위권에 진입하는 데에 중요한 역할을 한다.

하루 일과 중에서는 많은 자투리 시간이 있다. 종례를 기다리면서 멍하니 앉아 있는 아이는 자투리 시간의 중요성을 알지 못한다. 암기할 것이 많아지는 초등 4학년 때에 암기 카드를 활용하는 습관이 생기면 공부에 긍정적인 효과를 미칠 수 있다. 또 초등 5학년 때에는 핵심 노트나 오답 노트를 만들어 공부 스킬을 조금씩 익히는 것이 좋다.

방학을 유익하게, 그리고 계획적으로 보내라

방학이 되면 목표를 세운 후, 스스로 작성한 계획표를 바탕으로 절제된 생활과 학습을 병행하도록 한다. 다음 학기에 배울 수학, 영어 등을 예습하고, 독서 및 특기 교육 등을 선정하여 꾸준히 실천한다. 이때에는 공부하는 시간과 노는 시간을 확실하게 구분하여 실행에 옮기는 일이 중요하다.

시간이 많이 소요되는 수학은 다음 학기 전체에 대한 예습을 목표로 인터넷 강의를 듣는 것이 좋다. 방학 동안에 수학을 예습하여 두면, 학기 중에 느끼는 학습에 대한 부담감을 줄일 수 있다.

학습 목표를 세운 후에 학교나 학원가는 것과 마찬가지로 인터넷 강의를 일정한 시간에 듣도록 한다. 전체 강의 수를 날짜로 나누면 하루에 수강해야 하는 강의 수가 나올 것이다.

경제 교육, 리더십, Life Planning 등의 교육이 필요하다

돈에 대한 경제 교육, 자신감을 형성해 주는 리더십 교육, 자신의 삶을 설계할 수 있는 Life Planning 교육 등은 올바른 가치관을 형성시키는데 중요한 역할을 한다. 그러므로 본격적인 사춘기에 들어서기 이전에 교육하는 것이 좋다.

이러한 교육은 친구들과의 토의를 통한 생각 교류와 자신의 생각을 발표할 수 있는 집단 상담 프로그램이 효과적이다. 또 이 교육은 교육전문가의 도움을 받아야 하는 부분이 많기 때문에 필요성만 언급하고, 교육과정은 생략하기로 한다.

돈에 대한 경제 교육의 필요성
유대인들의 가정에서는 자녀가 어렸을 때부터 경제 교육을 철저하게 시키는 것으로 널리 알려져 있다. 유대인들이 아이들에게 강조하는 '부자가 되는 10계명'을 보면 가난은 죄악이고, 돈은 사회적으로 가치 있는 일을 한 대가라고 가르치고 있다.

좀 더 구체적으로 말하면, 가난한 것은 게으르기 때문이며, 가난은 종교적인 죄악이고, 돈은 사회에 기여하는 일을 통해 벌어야 한다고 가르친다. 실질적이면서 건강한 자본주의의 윤리관을 심어 주고 있는 것이다.

이 때문인지 세계 경제는 실질적으로 유대인들이 지배한다고 말하기도 한다. 실제로 전 세계 인류의 0.2%에 불과한 유대인이 노벨 경제학상에서는 65%, '포천'이 선정한 100대 기업 소유주의 40%, 세계 백만장자의 20%나 차지한다는 통계가 이를 증명하고 있다.

아이들에게 금전 경제 교육이 필요한 이유는 다음과 같다.

- 폭넓은 사고를 가지고 자신의 꿈을 찾을 수 있다.

- 아이들이 실질적인 꿈을 가질 수 있다.
- 사회를 알게 함으로서 빨리 꿈을 가질 수 있다.
- 올바른 소비생활을 할 수 있다.

그럼에도 불구하고 우리는 과연 몇 %의 가정에서 자녀들에게 경제 교육을 시키고 있으며, 경제 관련 도서를 읽히고 있는가? 가정에서의 경제 교육이 안 되는 것은 물론이고, 학교 교육에서도 경제 과목이 입시 과목에 밀려 오래전에 소외되어 버렸다. 일부 은행 등에서 경제 교육을 실시하고는 있지만, 너무 어렵고, 실생활과 연계되지 못하고 있으며, 이론에만 치우치거나 심지어는 금융 상품을 소개하는 수준에 머물고 있다.

리더십 교육의 필요성

리더십을 가진 사람은?
① 다른 사람이 말하는 내용을 정확하게 이해하고,
② 다른 사람의 생각과 행동을 포용하고,
③ 논리적으로 판단할 수 있는 능력과 설득력을 가지고 있어야 한다.

리더는 적극적이면서 긍정적인 사고와 성격, 뚜렷한 목표 의식, 올바른 판단과 강력한 추진력 및 구술 능력 등이 요구된다.

이 중에서 가장 중요한 것은 말하기 능력인 구술 능력이다. 리더가 되기 위해서는 때와 장소의 구분 없이 자신의 생각을 거리낌 없이 잘 표현하여야 한다. 논리적 구술 능력을 가지고 있으면, 긍정적인 사고를 가지게 되고 적극적인 성격으로 바뀌며, 더 나아가 자신감을 가지게 된다.

논리적 구술 능력을 가진 사람은 얼마나 될까?

통계상으로 보면 10%만이 연단 공포증 없이 대중 앞에 나설 수 있다고 한다. 그 중에서도 설득력 있게 자신의 생각을 표현할 수 있는 사람은 50%라고 한다. 결국 자신의 생각을 대중 앞에서 논리적으로 표현할 수 있는 사람은 20명 중의 1명인 셈이다.

어릴 때부터 논리적인 구술 능력을 형성해야만 하는 이유는, 이 구술 능력이 긍정적인 사고와 자신감을 형성하여 리더로 자라는 데에 도움을 주기 때문이다. 긍정적인 사고와 적극적인 성격 및 자신감이 형성된 아이는 스스로 목표를 설정하게 되고 진취적으로 행동하는 모습을 보이게 된다.

Life Planning 교육의 필요성

대부분의 부모들은 자신이 성장해 왔던 과정을 뒤돌아보면서 한번쯤, '왜 그때는 좀 더 현명하게 살지 못했을까?', '누군가가 삶의 방식을 가르쳐 주고, 이끌어 주었다면 내 인생은 더 나아지지 않았을까?', '좀 더 일찍 인생의 목표를 가지고 진로를 결정하였다면 지금은 삶은 어떠했을까?' 하는 생각들을 하게 된다.

초등 고학년이나 중학생들 중에서 자신의 인생을 어떻게 살 것인가? 공부를 열심히 하여 어떤 직업을 가질 것인가? 등과 같이 자신의 미래를 진지하게 고민하는 아이는 드물다. 아이 때에는 현재에만 관심을 가질 뿐, 다가올 미래를 생각하며 살지는 않는다. 아이들은 나이가 들어감에 따라 스스로 터득한다. 어떻게 살아야 하는지를 알게 될 때는 이미 늦은 상태이다. 자신에게 주어진 삶을 어떻게 살겠노라고 하는 목표가 남들보다 빨리 세워진 아이들이 성공할 확률이 높다. 공부 또한 억지로 하는 것보다는 스스로 목표를 세워서 하는 공부가 효과가 높은 것과 마찬가지이다.

그렇기 때문에 스스로 인생을 설계하고 목표 의식을 가질 수 있는 의식 변화 교육이 필요한 것이다.

초등 고학년 때에 갖춰야 하는 학습 능력은 고난이도 학습이 본격적으로 시작되는 중학교 때를 대비하기 위한 준비라고 할 수 있다. 아무런 사전 준비 없이 중학생이 되어 공부스킬을 키우고, 학습 동기를 부여한다면 100% 자기주도학습의 실현을 기대할 수 없다. '준비된 자만이 성공할 수 있다.'는 말과 같이 충분한 준비를 한 사람만이 성공에 한 발 더 다가설 수 있는 것이다.

04
자기주도학습법의 스킬을 키우는 중학생 공부법

중학교 때에는 고난이도 학습에 맞는 자신만의 학습법 개발에 힘을 쏟아 고등학교에 입학하기 전에 자기주도학습에 완벽하게 정착하여야 한다. 또 본격적인 학습 동기 부여를 실시함으로써 자신의 목표를 설정하고, 진로를 결정할 수 있어야 한다.

중학시절은 고난이도의 학습이 본격적으로 시작되는 시기이다. 평소 학습 습관이 형성되어 있지 못하거나 공부하는 힘을 가지고 있지 못한 아이들은 이 시기에 접어들면서 공부를 포기하게 된다. 또 이 시기는 본격적인 사춘기에 접어드는 시기로써 올바른 생활 습관과 생각하는 습관이 형성되어 있지 않을 경우 제멋대로 생각하고 행동할 수 있는 시기이기도 하다.

중학교 때에는 고난이도 학습에 맞는 자신만의 학습법 개발에 힘을 쏟아 고등학교에 입학하기 전에 자기주도학습에 완벽하게 정착하여야 한다. 또 본격적인 학습 동기 부여를 실시함으로써 자신의 목표를 설정하고, 진로를 결정할 수 있어야 한다. 고등학교 때에 진로선택을 할 경우에는 우왕좌왕하여 시행착오를 겪을 우려가 있다.

초등 고학년부터 실시하여 온 '올바른 학습법 3단계(개념학습 단계, 문제풀이 단계, 시험준비 단계)', '인터넷 강의 적극 활용하기', '학교에서의 몰입 수업', '되새김학습법'은 중학생이 되어서도 계속 실시하여야 한다. 이 밖에 추가적으로 실시하여야 하는 교육들은 다음과 같다.

나만의 공부 무기를 적극 활용하라

필자가 앞에서 언급한 1등으로 만드는 '나만의 공부 무기'는 인터넷 강의 사이트, 몰입 수업용 수업 메모 노트(연습장) 1권, 기억력을 키워주는 되새김학습노트 1권, 주요 과목별 핵심 노트, 오답 노트 1권, 나만의 예상 문제지, 암기 카드 1종이다.

중·고등학교에서 적당히 공부해서는 좋은 성적을 기대할 수 없다. 좋은 성적을 거두려면 원리를 깨우쳐 완전하게 이해하고, 암기할 것은 꼼꼼하게 암기하여야 한다. 이를 위해서는 여러 학습 도구를 적극 활용한 자신만의 공부법을 개발하여야 한다.

학습 동기 부여를 실시하라

학습 동기 부여는 공부하는 이유를 찾고, 자신의 목표를 설정하면서 내적동기를 가지는 중요한 교육이다. 학습 동기 부여는 자아발견을 통해 자신의 장단점을 파악하는 1단계부터 새로운 이미지와 자신감을 가지는 9단계까지 구성되어 있다.

학습 동기 부여는 중학 1학년부터 실시하여 자신의 삶을 스스로 개척할 수 있도록 해야 한다.

진로를 결정하라

학습 동기 부여는 자신의 장단점을 파악하고, 자신의 목표를 설정하는 데에 많은 도움을 준다. 고등학생이 되어 진로를 결정하면 우왕좌왕하는 경우가 많기 때문에 중학생 때 진로를 확실하게 결정하여야 한다.

'나의 목표는 ○○이며, 직업은 ○○을 선택할 것이고, 이를 위해서는 ○○대학 ○○학과를 가야한다.'라는 식으로 구체적이어야 한다. 이를 위해서는 부모와의 많은 대화가 필요하다. 왜냐하면, 아이가 아직은 전공에 대한 사전 지식과 성적에 따른 대학 선택기준이 부족하기 때문이다.

방학은 적극적으로 활용하라

여름방학이나 겨울방학은 마음이 풀어지기 쉬운 시기이다. 하지만 이 기간을 쉬는 기간이라 생각하면 안 된다. 다음 학기를 준비하는 기간이라고 생각하여야 한다.

방학 때에는 시간이 많이 걸리고, 난이도가 높은 과목인 영어와 수학에 집중해야 한다. 이를 위해서는 학교나 학원가는 일과 같이 일정한 시간에 학습할 수 있어야 한다. 또 학습 목표가 확실하게 정해져야 하며, 학습 스케줄 또한 이를 바탕으로 면밀하게 작성되어야 한다.

영어 학습
학기 중에는 내신 성적을 향상시키기 위한 교과서 공부보다는 영문법, 독해, 영어어휘(Vocabulary), 회화와 같은 전반적인 영어 실력을 쌓을 수 있는 학습을 하여야 한다.

'이번 방학에는 영문법을 마스트할 거야.'라는 식의 학습 목표를 세우고, 학원에서 강의를 듣는 것과 같이 인터넷 강의를 일정한 시간에 듣도록 한다. 전체 강의 수를 날짜로 나누면 하루에 들어야 하는 강의 수가 나올 것이다.

수학 학습
수학은 다음 학기에 대비하여 선행 학습을 해야 한다. 수학도 영어와 마찬가지로 다음 학기 분량을 학습 목표로 삼고, 학원에서 강의를 듣는 것과 같이 인터넷 강의를 일정한 시간에 듣도록 한다. 전체 강의 수를 날짜로 나누면 하루에 들어야 하는 강의 수가 나올 것이다.

방학을 알차게 잘 보내기 위해서는 학습 목표에 따라 학습 시간과 학습 스케줄이 정해져야 한다. 예를 들어, 영문법 마스터하기와 다음 학기 수학 선행 학습을 목표로 정했다면, '인터넷 강의에서 영어를 하루에 3강씩 들어야 하고, 수학은 2강씩 들어야 한다.'라는 식으로, 학습 스케줄이 작성되어야 한다.

방학을 어떻게 보내는가는 다음 학기의 성적에 많은 영향을 끼친다. 공부 습관을 꾸준하게 유지하면서 흐트러지지 않는 마음자세를 가지는 것이 다음 학기의 공부 성패를 좌우하는 밑거름이 된다.

에필로그

'우리 아이는 너무 늦지 않았을까?' 하는 의구심을 가진 부모가 있다면, 늦었다고 생각할 때가 가장 빠른 것이라 이야기하고 싶다. 왜냐하면, 자기주도학습은 선택이 아니라 필수이며, 자기주도학습을 실현하지 않는다면 자녀가 대학 입시를 준비해야 하는 고등학생이 되었을 때, 후회할 수 있기 때문이다.

대학 입학의 성패는 학습 시간의 많고 적음보다는 누가 더 효율적으로 학습을 했느냐에 달려 있다. 따라서 자기주도학습은 상위 1%가 되기 위해 반드시 거쳐야만 하는 필수 과정이다.

이 책을 집필하는 데 많은 도움을 주신 행복한나무, 그리고 우리 가족들에게 깊은 감사드린다.

송인강